有田幸正

上品な手紙の書き出しと結び

日貿出版社

ペン字と筆ペンのはがき

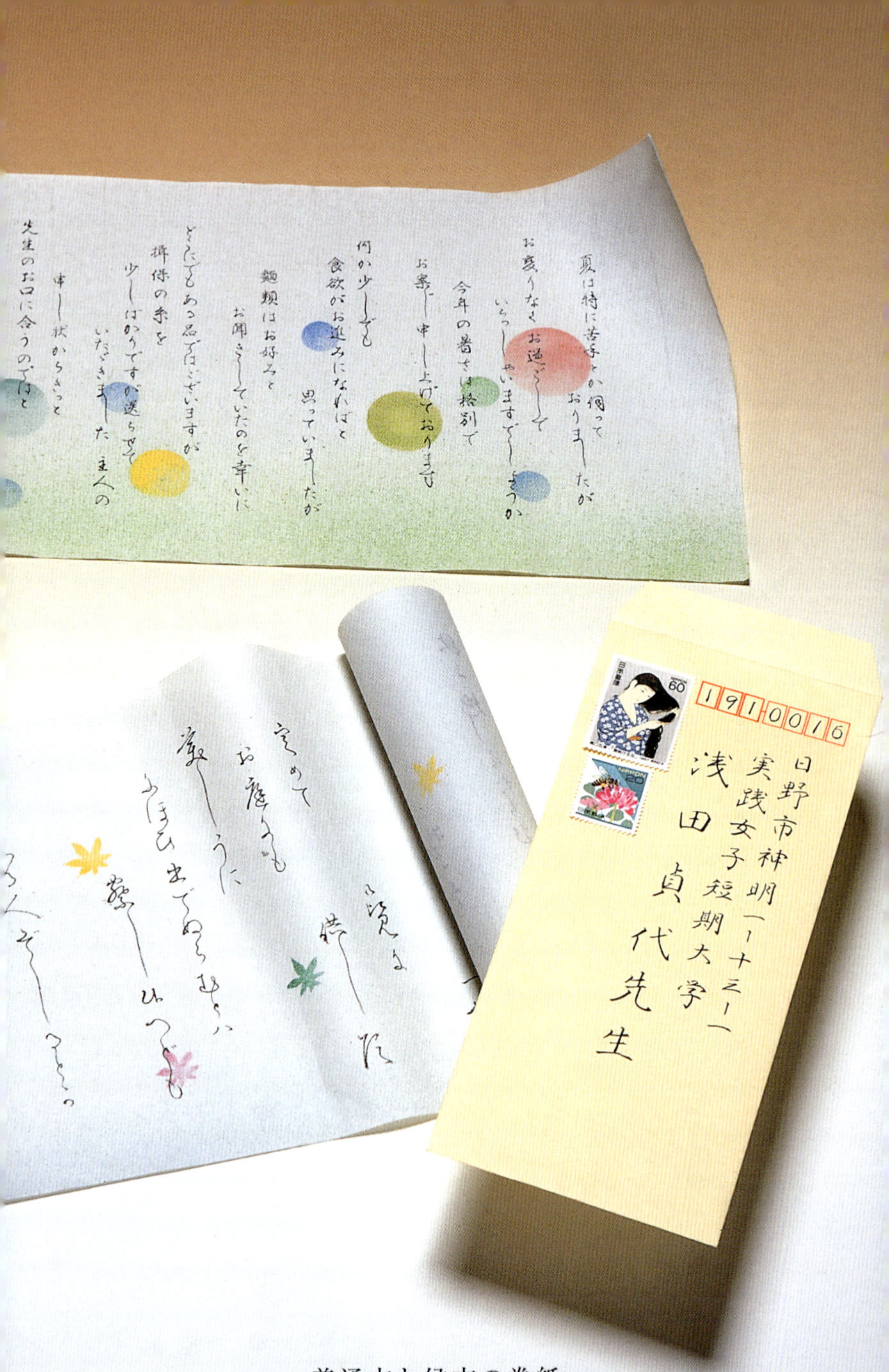
夏は特に苦手とか伺っておりましたが
お変りなく
お過ごしで
いらっしゃいますでしょうか
今年の暑さは格別で
お案じ申し上げております
何か少しでも
食欲がお進みになればと
思っていましたが
麺類はお好みと
お聞きしていたのを幸いに
どこにでもある品ではございますが
拝借の糸を
少しばかりですが送らせて
いただきました 主人の
申し状からきっと
先生のお口に合うのではと
1910016
日野市神明一ー十三ー一
実践女子短期大学
浅田貞代先生

普通文と候文の巻紙

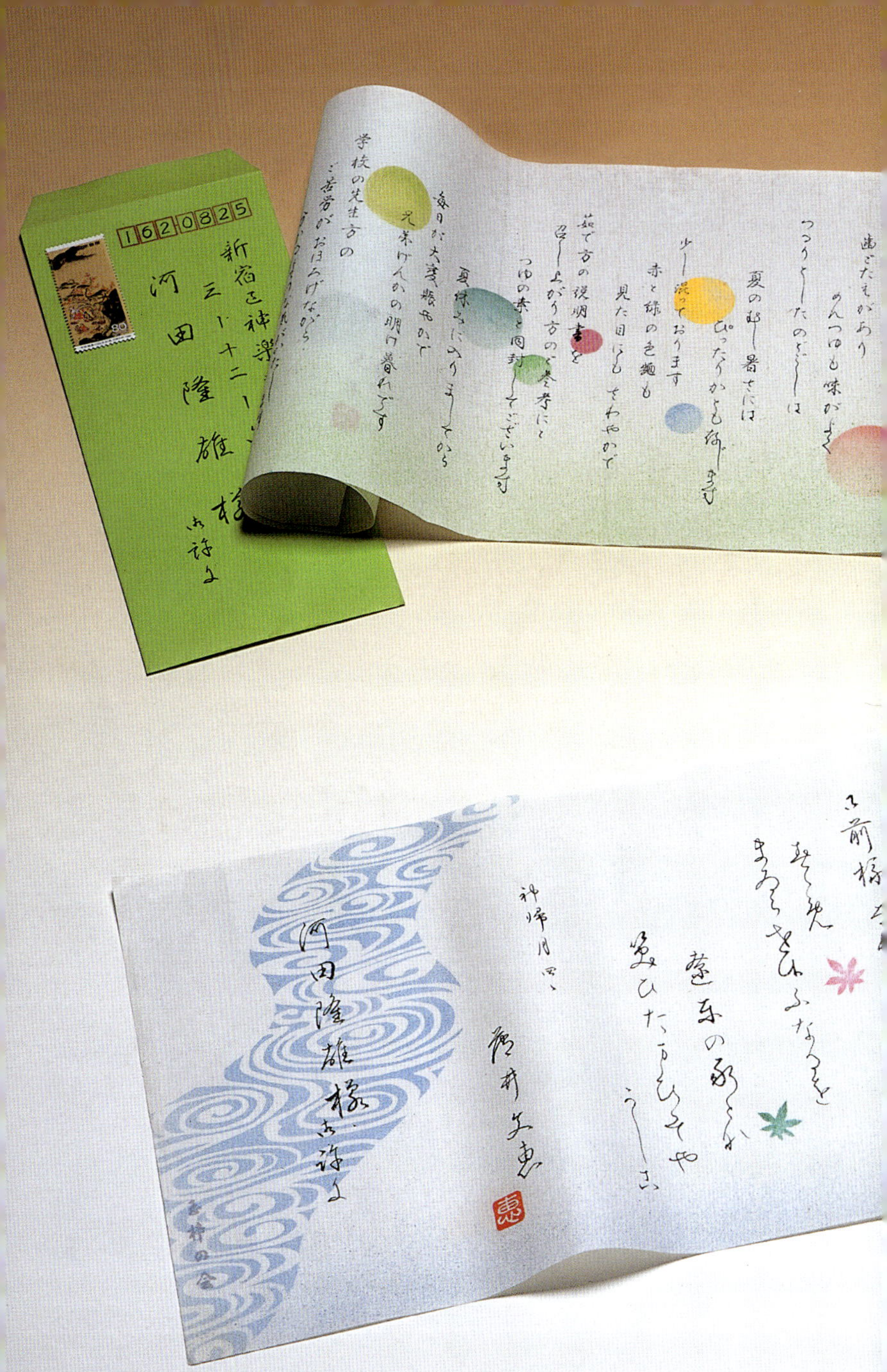
1620825
新宿区神楽
三ー十二ー
河田隆雄様
夏の暑さには
赤と緑の色麺も
見た目にもさわやかで
茹で方の説明書を
つゆの素と同封してございます
夏休みにはいりましてから
毎日が大変賑やかで
学校の先生方の
河田隆雄様
神帰月四日

ペン字と筆ペンの手紙

はじめに

今から手紙を出そうとして、さて書き出しをどのような文で始めようかと迷ったことはありませんか。書き出しに手間どらなければ、本文も滑らかに書け、手紙を出す意欲もわいてきます。

本書はその悩みを解消するため、通常の書き出しは勿論のこと、年賀や暑中見舞とともに、結びの言葉の文例を集大成して便宜を図ってあります。

ご自分の気持を相手に丁寧に伝えたい、心のふれあいを大切にしたいと願われる方は、電話やワープロではなく手書きで手紙を書かれると思いますが、その方の身になって、今ではすっかり実用的なものとして定着した筆ペンやペンを使用して、例文のすべてを実際に書かれる文字の大きさで手書きにしたこれまでに前例のない画期的なものです。

よく聞かれる言葉ですが、字は下手でも心がこもっていればよいと考えるのは間違いで、気持をこめて書くからにはそれなりの出来映えも必要です。美しく上品な華のある書き文字は、受け取って読まれる相手もきっと心温まることでしょう。

それには数多く書くことですが、その前に、今後生涯を通じて字が下手でと人にも自分に対しても決して口にしないと誓って下さい。すぐには上手になることは難しいとしても、上品な字はその気になれば明日からでも書くことが出来ると信じることが最も大切です。

この自己改革なくして字の上達はないと断言できますから、あなたの気持ちに合うような参考図書を見つけ、使ってみたり、意欲的に習ってみることでしょう。既刊の拙著『頭で理解し指が覚える　上品な字の書き方』および『女性の毛筆ペン字手紙講座　春夏秋冬・全四巻』（いずれも日貿出版社刊）を本書と共にお膝元に備えていただければ幸いです。

ご参考までに、毎年四月、はがき・便箋・巻紙合わせて約五千通のすべてが奇麗な意匠を各自で付けた「女性の手紙展」を、ＪＲ中央線国分寺駅ビル８階Ｌホールにおいて全国の方を対象に実施しております。ご出品なさりたい方やご覧になりたい方で、開催日のお問い合わせは、直接電話かＦＡＸをご利用下さい。

平成十二年九月九日（重陽の日）

〒１８５・００２１　東京都国分寺市南町二―十八―十三―一二〇二
玉梓の会　有田幸正
電話（ＦＡＸ）〇四二―三二八―二一一八

目次

（長い表題などは一部省略し、☆印の項目は、便宜上、頁が前後しています。）

第三部　はがき・便箋・巻紙の意匠

第一部

手紙の仕組

あなたは手紙に関心のある方ですから、今までに一冊や二冊の本は読まれたと思います。でもどの本も内容は大同小異で手書きをするためには物足りなくお感じになられたはずですから、今回は実際に書かれる身になって手紙の仕組を見直して下さい。

前文	起首	ひと筆申し上げます
	季節の挨拶	四五日前からおひな様に誘われるように
	安否の伺い	春がやって参りましたがその後お変りなく お暮らしのことと存じます　私ども
	自分側の安否	出産の折はご心配をおかけしましたが お陰さまで肥立もよく坊や共々元気で 過ごしておりますのでご安心下さい
文	起こし言葉を使ってもよい	本日　内祝とは名ばかりの品とともに 地元特産で昔ながらの干柿を郵便局の

本	末文		付	
	結びの言葉	結語	日付	署名
ゆうパックでお送りいたしました 叔母様が何よりの大好物と母から 聞かされていたのを思い出し その節の お礼の気持ちとしてご笑納下さい	そちらではまだ雪も残っているとのこと お体を大切になさいませ 皆様に末ながらよろしく	かしこ	三月六日	安達映子

後	副文	余白
宛名	やや小さ目に	余韻

松井鈴子様

追って　五月の連休に主人と共に
坊やの顔見せにお伺い
したいと存じています

余白の大切さに気の付く方が意外と少ないのですが、後に残る趣を余白に託します。ただし、はがきには不要です。

◎読みやすく、しかも味わいのある書き文字の手紙の条件は、

一、配置が整い美しく書かれてある。

二、形式を心得て簡潔である。

三、書き手の優しさや温みが漂う意匠付けがされてある。240頁参照。

前文

発信の起首　文の始めに書く言葉

〔一般には〕拝啓　拝呈　啓上　一筆拝呈　一筆啓上

○ひと筆申し上げます

○手紙で申しあげます

○はがきで失礼します

○中村先生　○母上様　○麗子さま

〔丁重に〕謹啓　謹呈　恭啓　奉啓

○謹んで申し上げます

〔人に託すとき〕幸便にまかせて　幸便を得まして

○幸便に託し一筆申しあげます

○失礼ですが使いをもって差しあげます

〔前文を省くとき〕前略　略啓　前略ご免下さい

○前文お許し下さい

○承りますれば

〔急ぎのとき〕急啓　急呈

○取り急ぎ申しあげます

○走り書きで失礼します

○早速ですが

○突然ですが

○略書ながら申しあげます

〔始めて出すとき〕未だ拝眉の機会を得ていませんが

○初めてお手紙差しあげます

○まだお目もじをいたしませんが

〔重ねて出すとき〕再啓　追啓

○失礼ながら重ねて申しあげます

○催促がましく恐縮ですが

○十三日付のお手紙ご覧いただけたと思いますが

返信の起首

〔一般に〕拝復　拝答　謹復　謹答　お手紙拝見

○お手紙拝見いたしました

○お返事申し上げます

○久しぶりのお便り懐かしく拝見しました

○お便り有難うございました

○ご親切なお手紙うれしく拝読いたしました

○早速のお祝いありがとうございます

○ご丁重なお便りいただきました

〔託された手紙に〕

○幸便をお寄せいただき有難うございました

○松山さんにお言伝ての手紙確かに受取りました

○お使いで恐縮しております

○確かに拝受いたしました

〔返事が遅れたとき〕

○早速お返事すべき処雑用に追われ失礼しました

○折り悪しく留守しておりましたため遅れました

○お返事が遅くなり申し訳ございません

季節の挨拶　十二ヶ月上中下旬の書き出しを参照（36頁以降）

安否の伺い

○ご一同様いかゞお過ごしでございますか

○皆様ご機嫌いかゞでしょうか

○お障りもないこと〻拝察しております

○その後お変りございませんか

○お元気でお勤めのこと〻お悦び申します

○いよ〳〵ご壮健の由お喜びいたします

○貴社益々ご多祥のおもむき大慶に存じます

自分側の安否　私・私ども・主人等自分の身内の言葉を行頭に書かないこと

○お陰さまで一同無事に暮らしております

○私ども元気にしていますのでご安心下さい

○達者で過ごしていますのでご放念下さい

○相変らず毎日元気で勤めに出ております

○お陰で主人の具合も大分よくなりました

お礼の言葉

○誠に有難うございました

○ご心配をかけまして申訳ありません

○なにくれとなくお心遣いをいただき……

○ご多用中にもかかわらずご面談下され……

○格別のご高配を賜り……

○先達っては娘が大層お世話になり……

お詫びの言葉

○久しくお便りもせず失礼いたしました

○長らくご無沙汰をして申訳ございません

○常々心にかけながらご無音に打過ぎ
　また失礼どうぞお許し下さい

○折角のお招きでしたが所用のため残念ながら
　お伺い出来ず失礼しましたお許し下さい

○昨日は思わぬ長居をしてご無礼しました

起こし言葉　使わなくてもよく、必要に応じて

さて　ところで　実は　ついては　つきましては

○他でもありませんが

○かねて申しあげましたように

○突然でございますが

○以前お手紙でお知らせしましたが

前文を省略する場合

起筆や季節の挨拶を省略

弔事のとき

○ご尊父様のご訃報に接し　心からお悔み申し上げます

○お父様のご逝去の知らせにただ呆然とするばかりです

○あまりの突然で　お慰めの言葉もありません

○お母さまがご他界なされた由　心からお悔み申します

○思いがけないご逝去にただ驚き入っております

○あなたのご悲嘆にお慰めの言葉がみつかりません

○ただ今悲報に接し　心痛の極みに存じます

災害のとき　地震・火災・事故など

○このたびの災害心よりお見舞い申し上げます

○今朝のニュースで地震のこと心配しております

○このたびとんだ災難に遭われご心痛のほどお察し申し上げます

○このたびのことはなんと申し上げてよいか謹んでお見舞いいたします

○ご主人様が交通事故に遭われたと伺いまして暗然としています

主文　手紙の中心部分（手紙を書く要領）

一、順序よく筋道を立てて

手紙は用件だけでなく、お礼を書いたり、相手の消息を尋ねたり、自分側の安否を簡略に申し述べてから伝えることを書きます。ただし、用件が重要な際には先に書くこともあります。用件が二つ以上あるときは、はっきりと分けて書くようにします。

二、伝えることを、はっきりと

何を伝えるか、頭に浮かんだら書き出しから全文の下書きをして忘れたことがないか、言葉足らずになっていないか、二度三度読み直して足らなければ補ない、余分な言葉を削ります。はがきでも同じです。

三、礼儀正しく

礼を尽くすのが手紙ですから、敬語を使い、慶弔に関しては特に忌み言葉（31頁参照）に気を遣って書きます。

四、丁寧に美しく［240頁を参照して自分で意匠付けをしましょう］

書き文字の手紙は、活字文章ではありませんから、一字あけや句読点は不要で、やさしさの出る行書で読みやすく上品な字を丁寧に書きます。草書で書くときは、相手の方が読めることを知っている場合に限ります。

末文

結びの挨拶　（お祝い　お見舞い　ご案内　ご返事　ご依頼　ご招待）

○まずは書中にてお礼まで

○先ずはお礼かた〲ご挨拶まで

○まずはとり急ぎお知らせまで

○右とりあえずご報告旁《かたがた》お礼迄

○先ずは謹んでお悔み申し上げます

○まずはご無沙汰のお詫び旁《かたがた》お見舞いまで

○右くれ〲もよろしくお願い申し上げます

別れの言葉　各月の結びの言葉参照

○天候不順の折から御身大切に

○時節柄皆様のご健康をお祈りします

○向寒の折ご自愛専一をお祈り申します

○ではどうぞご機嫌よろしく

○残暑厳しい折お体くれぐれもご留意の程を

○陰ながらご多幸をお祈りします

○梅雨どきゆえお体に気をつけてお励み下さい

○末筆ながら皆様のご無事を念じています

返事を求める

○お返事いただければ嬉しゅうございます

○お手数ながらご返信の程をお願い申します

○折り返しご返事 心からお待ちしています

○ご多用中恐縮乍らご返信賜りたくお待ち申します

○失礼ですがご高見お示しいただければ幸いです

○それでは吉報を鶴首してお待ち申します

○宜よろしくご検討の上ご一報頂ければ幸甚です

○都合もありますので◯日迄にお返事下さいませ

弁解をする

○勝手なことを書きましたが何卒ご容赦下さい

○文脈が前後し恐縮ですがなにとぞ意の
あるところをおくみ取りくださいませ

○まことに身勝手なことのみ申し述べ
ましたがなにとぞご寛恕下さい

○拙筆のためお見苦しいところも多いかと
思いますがなにとぞお許し下さいませ

○心せくままの走り書き何卒ご判読下さい

後日を期する

○いずれお目にかかり詳しく申し上げます

○詳しく分かり次第改めてご報告します

○委細は近日中に後便にて申します

○落ち着きましてから詳しくお知らせします

○委細は後便にて

指導を仰ぐ

○何分よろしくご指導をお願い申しあげます

○末長くご教示の程切にお願い申し上げます

○今後とも変りなくご指導ご鞭撻
下さいますようお願い申しあげます

○これからも変りなくご激励
賜りますようお願い申します

○今後もご厚情にあずかりたく心よりお願いします

伝言をする　ご主人　お兄上　ご一同　ただし自分の身内を行頭に書かない

○末筆ながらご両親様によろしくお伝え下さい

○末ながら奥様になにとぞよしなに

○◯◯さんによろしくお伝え下さい

○末筆で恐縮ながらご家族の
　皆様によろしくおとりなし下さいませ
○あなたからもくれぐれもよろしくとのことです
○夫からもよろしくと申し出ています
○父からもくれぐれもよろしくとのことです

結語　〔一般に〕敬具　〔丁寧に〕頓首　敬白　謹言
〔謙遜して〕○草々・匆々・不一・不備・不尽
〔女性用〕○かしこ・かしく・めでたくかしこ・可祝・草々
〔親しい人に〕○ごめん下さい・さようなら・ではまた

後付

日付け

通常は月日　○二月十三日・五月二十五日

年賀状では年号か　○平成○○年一月一日

干支《えと》　○乙酉歳旦・丑どし元旦

巻紙は和風月名　○睦月十八日・弥生十二日

署名

〔男性〕　○山田隆夫・憲一・父・兄より

○佐藤佳世・友紀・松井潤　内

〔女性〕　○母より・姉より・叔母より

宛名と敬称

署名の字の間隔より、宛名はややあけて長くします。
署名がフルネームのときは、相手もフルネームにします。

〔一般〕○久保行信様・高野良子様

〔連名〕○熊谷誠様
恵子様・細川道男様
愛様

〔身内〕○ご両親様・兄上様・お姉様

〔友人〕○和子さま・節子さん・舞さん

〔恩師〕日ごろ先生とお呼びしている方の敬称は「先生」になります。
○竹村圭仙先生・岸本宗操先生

〔会社等〕○大阪工業株式会社
御中・玉梓の会
御中

脇付　女性から女性、男性から女性には通常は付けません。

〔一般〕侍史　侍曹　机下　など

〔女性から男性に〕　○お許に・みもとに・お前に

副文　追伸　追啓　二伸　なお　なおく　重ねて

○追って　旅行先で珍らしい置きものを見つけ
別便でお送りしますたゞご笑納下さい

○尚々　文中お願いしたことは
当人にはしばらくご内分に願います

余白　正しくは礼紙（らいし）といいますが、便箋などでは左端二行分ほどあけておきます。最後の行に宛名を書くのは壁付けといって失礼です。尚、巻紙では書き出しと宛名の前後に礼紙を取ることになります。

忌み言葉　手紙の言葉として用いない

著名人の手紙本の中に、お悔みのときには重ねことばやくりかえしの意味をもつ言葉は忌み言葉と断っておきながら、くれぐれもや日々などの言葉を入れた文紙文を手本として掲載していましたが、相手に大変失礼になりますから注意しましょう。

結婚を祝う手紙

出す　出る　去る　別れる　追う　追われる　思い切って
返す　返る　帰る　切る　切れる　重ねる
離れる　離す　終わる　終える　飽きる　嫌う　浅い
薄い　褪せる　冷える　退く　滅びる　病気　死　四
暇　去る　去年　差し出す　特別　別便　別封
返却　返送　帰宅　帰京　帰郷　離阪　離京　離別

いよいよ　かえすがえす　かさねがさね　さぞさぞ　かさねて
くれぐれ　しばしば　しみじみ　はたまた　なおまた　また
日々　早々　尚々　度々　再度　再三　且つ　且つまた
再び　皆々様

妊娠・出産を祝う手紙

死　四　浅い　薄い　流れる　落ちる　滅びる　詰まる
破れる　逝く　乱れる　病気　困る　心配　やっかい
苦労　崩れる　早い　失なう　弱まる

寿賀を祝う手紙

四　死ぬ　病む　衰える　枯れる　萎える　逝く
倒れる　朽ちる　へこたれる　まいる　やっかい　苦労　ぼける

新築・竣工を祝う手紙

火　煙　赤　燃える　焼ける　倒れる　壊れる
潰れる　崩れる　流れる　破れる　失う　終わる
散る　傾く　閉じる

入学・入社を祝う手紙

終わる　滑べる　挫ける　変わる

開店を祝う手紙

閉じる　閉まる　哀れ　失う　落ちる　倒れる
壊れる　潰れる　破れる　廃《すた》れる

弔事・災害のお見舞いの手紙

追う　再び　なお　かつ　重ねて　くれぐれ　つぎつぎ
かさねがさね　日々　しばしば

これらの重ね言葉と繰り返えしの意味をもつ言葉や、不幸の連らなることを連想させたり、直接不吉・不幸を意味する言葉も忌み言葉となりますので細心の注意が必要です。

忌み言葉を替えることができるもの

終わる↓開く　切る↓生《は》やす　打つ↓撫《な》でる

血↓赤汗　肉↓草片　肉は獣肉を指し、獣が草食をすることから

死↓直る　病↓休み　墓↓土くれ

寺院↓瓦葺　古くは、瓦は寺院にしか使われなかったことから

四↓よ　塔↓あららぎ　塩↓浪の花

醤油↓むらさき　猿↓えて　烏賊《するめ》↓あたりめ

摺《す》り鉢↓当り鉢　葦↓よし　硯箱↓当り箱

梨↓有りの実　顔を剃る↓顔をあたる

第二部

月別上旬・中旬・下旬の
書き出しと結びの言葉

年賀の書き出し

年賀はがきや年賀状（封書）は一月一日から七日までに届くように、八日からは寒中見舞になります。

・通常一月一日（元旦は一月一日の午前中で、元日は一月一日の全日のこと）に届くように十二月十五日から二十五日ごろまでに投函します。

・書き出しは新しい年を迎えたことを喜び合い、改まった気分で希望と祝福を伝えます。無音に過ごしている方には、消息を伝えて親しみを深めます。印刷はがきなどには一行でも自筆を添えましょう。

△「新年あけましておめでとう」は重複語。「賀正」は目上の方には適しません。

○新年のお慶びを申し上げます

○あけましておめでとうございます

○初春のお喜びを申し述べます

○新年のご祝詞を謹んで申し上げます

○新春のお喜びを申し上げます

○謹んで新年のご祝詞を申しあげます

○初春を寿ぎご祝詞を申し上げます

○謹んで年頭のご挨拶を申し述べます

○新年おめでとうございます

○初春を迎えまして

皆様のご多幸をお祈り申し上げます

○あら玉の年の初めの御寿

めでたくお祝い申し上げます

○謹んで改暦のお慶びを申し上げます

○輝やかしい新年を迎え
皆様のご清福をお祈り申し上げます

○謹んで初春の賀詞を申し上げます

○新春を寿ぎ謹んで
お喜びを申し述べます

○明けましておめでとうございます

○謹んで年頭のご挨拶を申します

○謹んで新年のお慶を申し述べます

年頭の賀詞

謹んで新春をお祝いする意味の言葉

頌春
慶春
喜春
謹賀新年
敬寿瑞春
新春万福
恭寿新春
敬頌歳旦

迎春
寿春
賀正
恭賀新年
敬頌新歳
献寿歳旦
迎春萬歳
瑞祥新春

賀詞に続く言葉

○ご尊家の万福をお祈りいたします

○今年もどうかよろしくお願いします

○ご無沙汰していますが皆様お元気ですか

○旧年中は一方ならぬご厚情を賜り
心より感謝いたしております

○本年も何卒よろしくお願いします

○昨年中はいろいろお世話になり
本当にありがとうございました

○本年も相変らずよろしくお願いします

○旧年中は格別のご厚情を賜りお礼申します
　本年もよろしくご交誼をお願いします

○年頭にあたりご尊家のご繁栄をお祈りします

○皆々様のご健康とご多幸を
　お祈り申しております

○旧年中は何かとご配慮を賜り
　誠に有難うございました

○本年も昨年同様ご指導のほどをお願いします

○旧年中は格別のご交誼をいただき
誠にありがとうございました
○新しいご家族も加わりお喜びも
ひとしおのことと存じます
○皆様お揃いで幸多きことを祈ります
○平安な日々をお祈りしております
○まず健康はすべての基本です　お元気でね
○このひとときもお健やかに過ごされますよう
心からお祈りしております

印刷はがきに添える言葉

○その後お元気でお暮らしですか

○是非近いうちにお逢いしたいですね

○平素の疎遠をお詫び申します

○皆様のご無事をお祈りしています

○いかがお過ごしでしょうか

○お子さまが今年幼稚園に入園されるのですね

○皆々様の平穏を念じます

○本年もどうぞよろしくお願いします

賀状の返事の書き出し

「早々」は目上に対し失礼

○ご丁寧なお年賀ありがとうございました

○お年賀状ありがとうございました

○美しいお年賀状有難うございました

○ご丁重な賀状を頂き厚くお礼を申します

○ご一同様お健やかにご越年の由お祝い申します

○ご丁重な年賀状を賜り恐縮に存じております

○ご丁寧なお年賀にお礼の言葉もございません

○お陰で私共も元気で初春を迎えました

喪中のときの言葉　十一月下旬に出しましょう

○喪中につき年末年始の
ご挨拶をご遠慮申し上げます

○亡き○の喪中につき　○夫・妻・子供
年頭の賀詞を控えさせていただきます

○去る○月○を亡くしました ↑

○本年○月思わぬ事故で喪中となりました ↑

○今春○○を亡くし喪に服しております ↑

↓ つきましては賀状は欠礼させていただきます

○年内も余日少なくなりましたが定めし
ご多用のことと存じあげます
たゞ今私どもでは　亡き○○の喪に
服していますので　賀詞をご遠慮させて
いたゞきます

○寒さ一段と厳しい季節となりましたが
いかゞお過ごしでいらっしゃいますか
今年○月○身まかり喪中にありますので
新年のご挨拶はご遠慮申し上げます

喪中で賀状を受け取ったとき

○ご丁重なお年始状をいただき
ありがとうございました
私どもでは
昨年○月○○を亡くして喪に
服しておりますので年頭の
ご挨拶を控えさせていただきます
悪しからずご了承下さいますよう

一月二日

喪中に賀状を出したとき

青墨または黒ペン

○ご喪中を弁《わきま》えずお年始状を出して
しまい失礼しました
お詫びいたしますと共に遅ればせ乍ら
○○様のご冥福を心よりお祈り
申し上げます
○皆様にはさぞお寂しくいらっしゃることと
存じますがどうかご自愛のほどを
ひとえに祈りあげます

○悲しみのお知らせに心痛む思いです
○知らぬこととは申せ心ない年始状を差し
あげてしまいました
○ご無礼をどうぞお許し下さいませ
○◯◯様の思いがけないご他界に私ども
驚いております
○遅ればせですがお悔み申しあげます
○お悲しみの程いかばかりかと存じますが
どうぞご自愛下さいませ

瑞祥新春
あなたにそして
皆の春に輝かしい
希望と幸福の
年でありますように
祈っています
辰どし元旦

年賀はがき

さつまの
およろこび
申しあげ候
うし年歳旦

玉抒の会

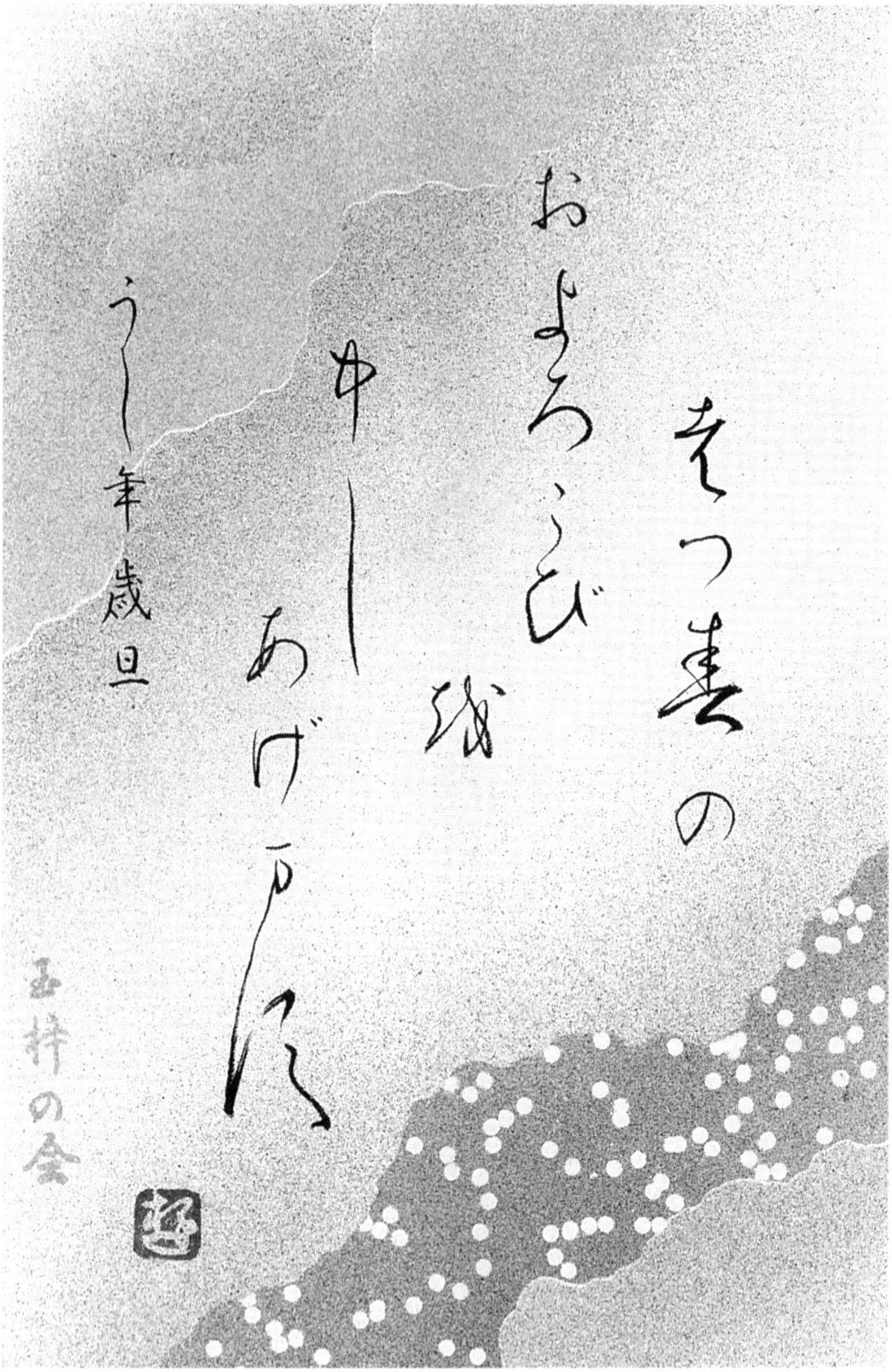

年賀はがき

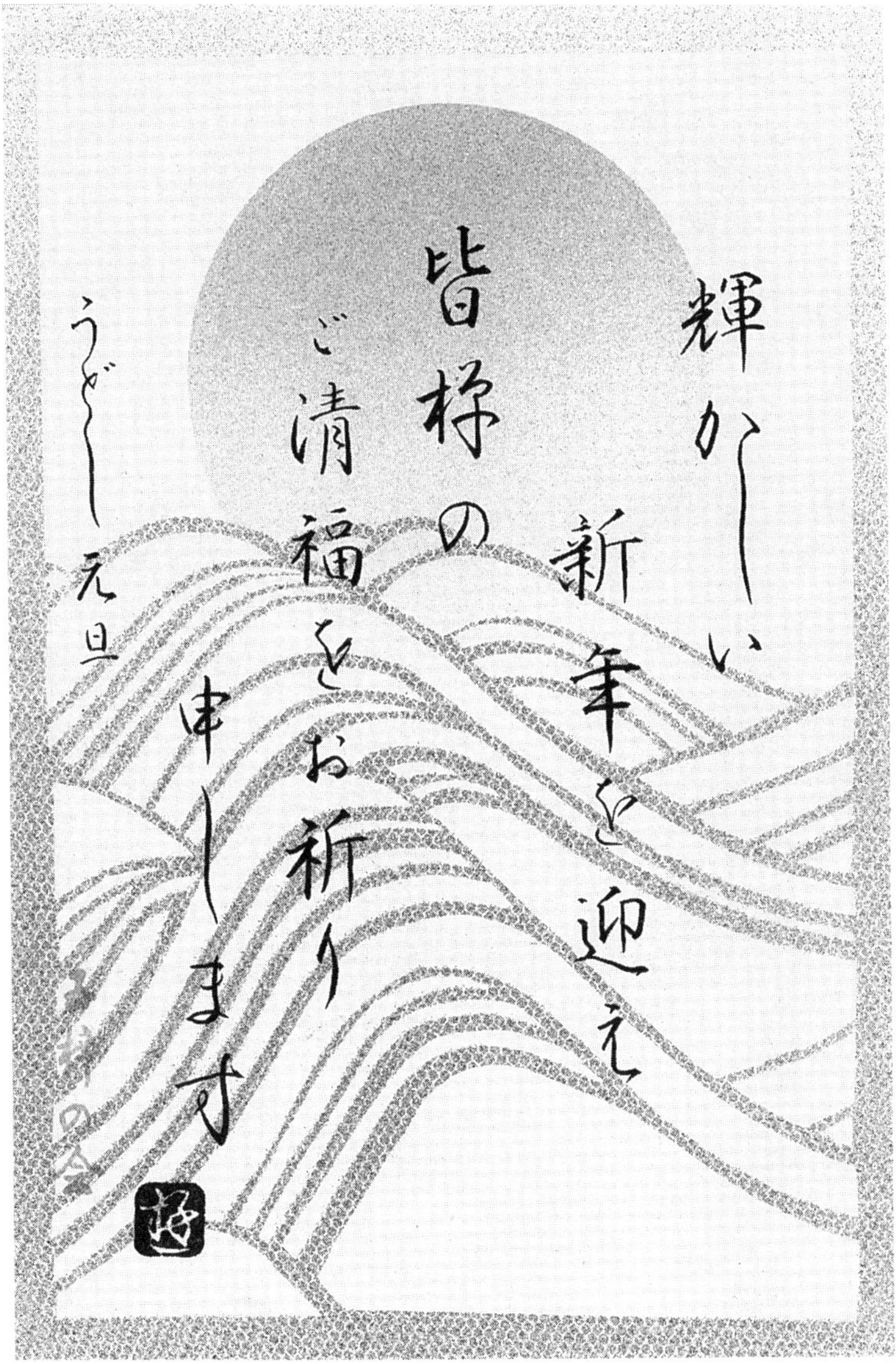
輝かしい
新年を迎え
皆様の
ご清福をお祈り
申します
元旦

年賀はがき

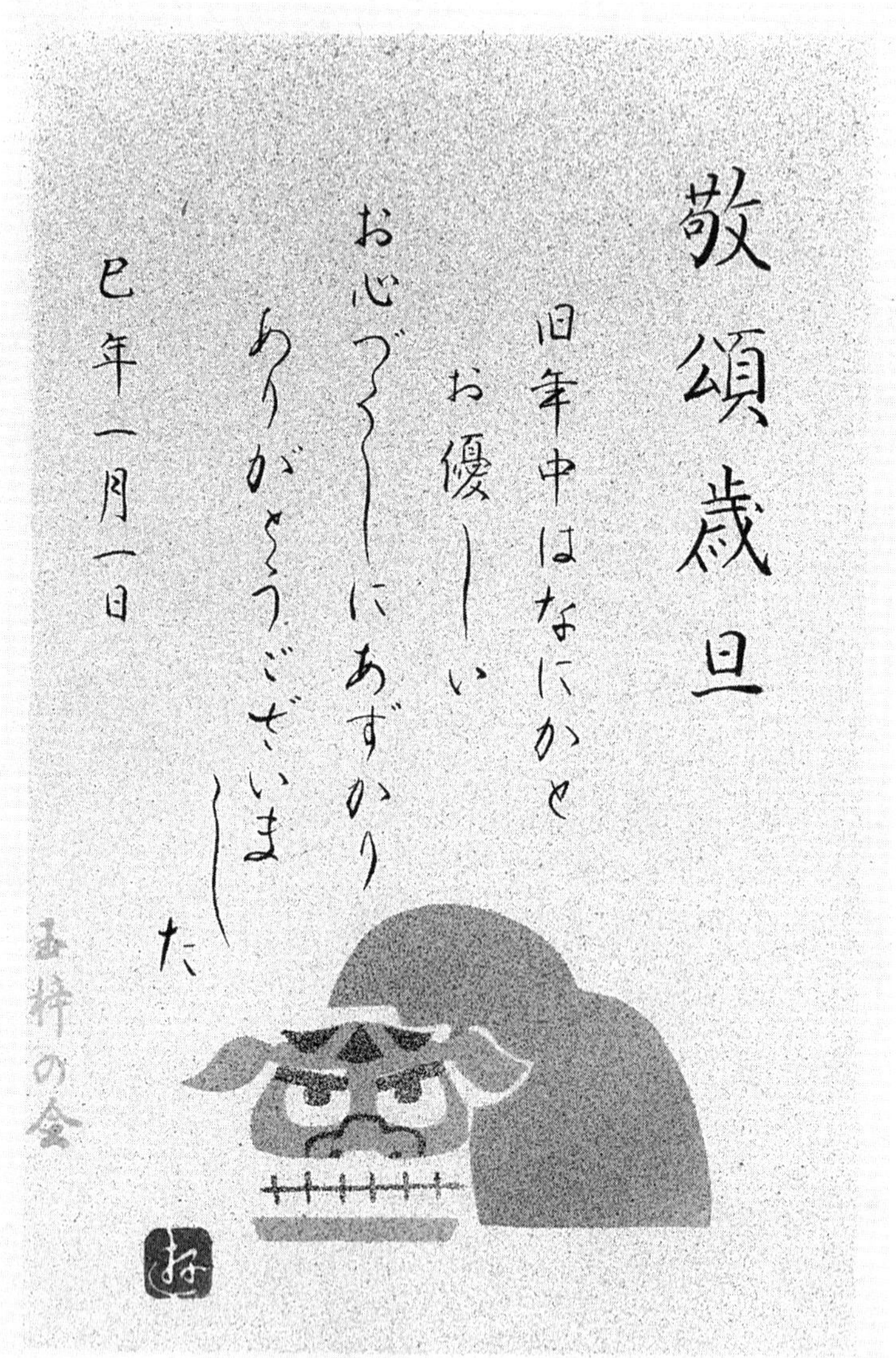
敬頌歳旦
旧年中はなにかと
お優しい
お心づかいにあずかり
ありがとうございました
巳年一月一日
玉杵の会

年賀はがき

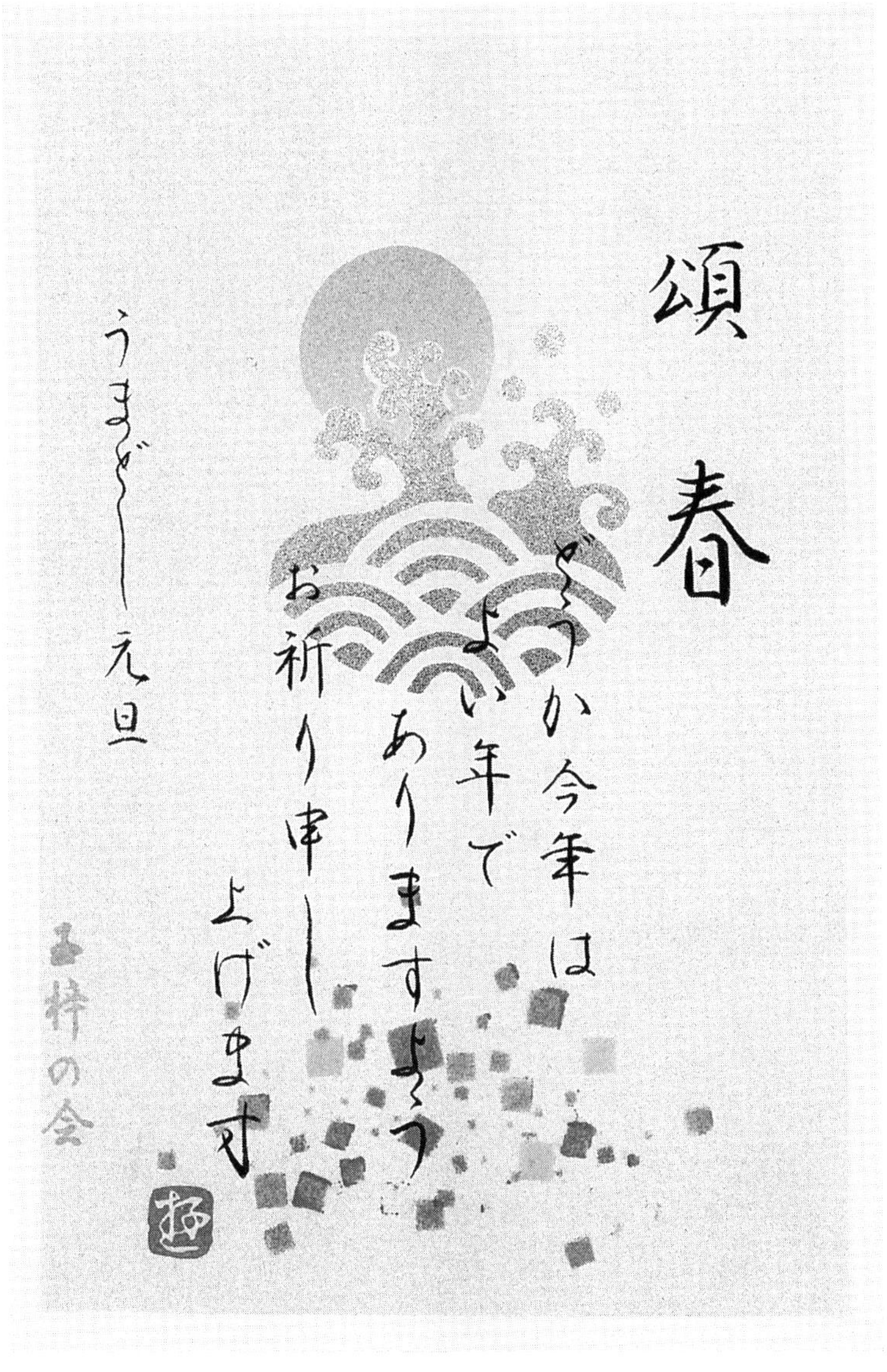
頌春
どうか今年は
よい年で
ありますよう
お祈り申し
あげます
うまどし 元旦
杵の会

年賀はがき

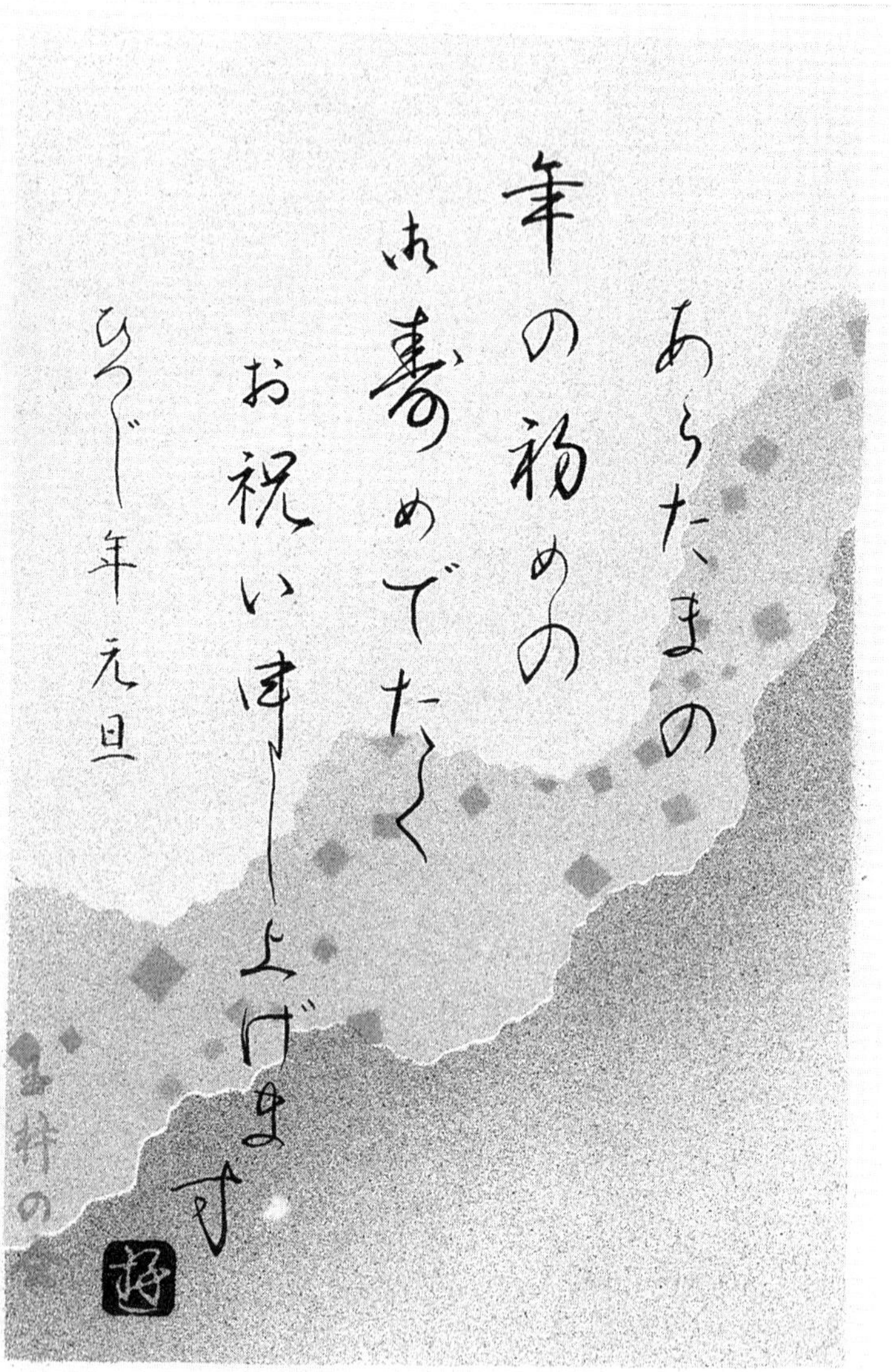
あらたまの
年の初めの
御寿めでたく
お祝い申し上げます
ひつじ年元旦

年賀はがき

一月睦月《むつき》

□和風月名　△…のみぎり、…の候、で使える書き出し語
◎自然　魚　野菜などの食べもの　◇今月の行事風物
小寒《しょうかん》　六日ごろ　寒さが厳しく寒の入りとも言う
大寒《だいかん》　二十日ごろ　最も寒く小寒と節分の中日
□正月　初月　端月　太郎月　年端月　初春月　初空月　慎月　祝月　霞初月
△新春　厳寒　寒冷　厳冬　寒風　酷寒　初春　仲冬
◎富士　松竹梅　松　竹　福寿草　水仙　なんてん　ぼけ　葉ぼたん　シクラメン
鶴　白鳥　さぎ
鯛　たら　まぐろ　いせえび　寒しじみ
七草がゆ（せり、なずな、ごぎょう、はこべら、ほとけのざ、すずな、すずしろ）
黒豆　ねぎ　大根　白菜　人参　カリフラワー　みかん　お節料理　お屠蘇　お雑煮
新巻鮭　鏡餅　かずのこ　わかさぎ　こんぶ
◇初詣　書き初め　初荷　消防出初式　宮中歌会始　小正月　成人式　百人一首　鏡開き
羽子板　かるた　すごろく　初釜　スキー　スケート　雪だるま

一月上旬の書出し

松の内　一日～七日　寒の入り　六日ごろ
七草がゆ　七日　成人の日　第二月曜日

○厳しくもまたすがすがしい寒さですが
　おめでたく新春を祝われたことでしょう

○皆様お揃いでうららかな初春をお迎えのことと思います

○一陽来復の春ご一同様お変りないことと存じます

○今年は厳冬と言われていましたが温かな昨今です

○新春の候ご機嫌うるわしいことと存じます

○久しぶりに雪のお正月で子供らは大喜びでした

○寒の入りとともに寒さも本格的になりました

○樹々の梢の雪が花のように見える頃になりました
○厳冬の折 皆様お元気でお過ごしの由何よりです
○例年にない厳しい寒さが続く昨今ですが
○雪晴れの青空があざやかな今日この頃です
○寒冷のみぎり霜柱が美しく見える近ごろです
○寒に入りましたのに暖かい日が続いております
○北風が町なかを吹きすさび寒さが一段と
　きびしさを増すこの頃でございます
○毎日厳しい寒さですがお変りありませんか

一月中旬の書き出し

鏡開き　一月十一日

○このところ近年にないような寒さ続きです

○野も山も白一色の銀世界でございます

○ご自慢の七草がゆのお味は如何でしたか

○皆様お元気でお暮らしの様子何よりです

○松納めも過ぎてようやくいつもの生活に戻りました

○きびしい寒さながらご壮健とのこと安堵しています

○松の内のにぎわいも過ぎて寒さ厳しくなりました

○毎日きびしい寒さに見舞われております

○こちらでは毎日雪に降りこめられております

○鏡開きも終わり やっと正月気分から抜けました

○赤い南天が雪景色に ひときわ鮮やかです

○猫ならずとも炬燵《こたつ》で丸くなりたいこの頃です

○寒さが体の芯にまでこたえる冷え込みです

○吹き抜ける北風に 窓が氷のように冷えています

○成人式の晴れ姿は さぞかし あでやかでしょう

○格別の寒さですが 風邪など召されていませんか

○例年にない大雪で スキーヤー達は大喜びでしょう

一月下旬の書き出し

大寒　一月二十一日ごろ

○いよいよ寒さがつのって参りました

○凍みとおるような寒さでございますが
ご一同様ご無事でお過ごしでしょうか

○底冷えのする昨今いかがお暮らしですか

○朝起きるのが益々辛い季節となりました

○着ぶくれラッシュで毎朝の電車が大変です

○大寒とは申せそれ程の寒さではございませんが

○そちらの野山はさぞ雪におおわれていることでしょう

○毎朝梅の蕾を見るのが楽しみな季節です

○御地では大雪とのことお元気でお過ごしですか

○空気が乾燥していますがお風邪はいかがですか

○こたつの中でのお姿が目に浮ぶようです

○厳しい寒さの中に福寿草がほほえんでいます

○三寒四温の暖かい日にほっと一息ついています

○これからの寒さが思いやられる今日この頃です

○寒さは厳しいものの昼間は春の気配を感じます

○ひたすら春の訪れを待ちこがれる昨今です

一月の結びの言葉

○ご一同様のご多幸をお祈り申します

○皆々様のご健康をお祈り申しあげます

○本年もよろしくご厚情の程をお願いします

○記録的な寒さとかお体おいとい下さいませ

○きびしい寒さのなかますますお健やかに

○寒さが増す折ご自愛をお祈りします

○お風邪など召されぬようお体を大切にね

○末長くよろしくおつきあい下さいませ

○寒風もものかわどうぞ元気で頑張って下さい

○今年もよい事が沢山ありますように

○寒さ厳しき折お体に充分気をつけて下さい

○幸多かれと年の始めに願いをこめて

○あなたのお幸せをひたすらお祈りしつゝ

○◯◯の宿からあなたのお幸せを祈ります

○寒さに負けず元気で頑張りましょう

○さえわたる星のように美しくお元気で

○お互いに今年こそ大いに頑張りましょうね

○寒さ厳しい折くれぐれもご自愛下さい

○ますゝ夜は冷え込みますのでお大事に

○どうぞ一層のご自愛をお祈りします

○寒さつのります折風邪にご用心下さいませ

○何はともあれ風邪に気をつけて下さい

○雪の子 風の子 若さいっぱい お元気でね

○風邪は万病のもとゝか ご用心のほどを

○ご家族お揃いでのお越しをお待ちしています

○立春はもうすぐですからご自愛下さいませ

寒中見舞

一月八日から二月三日ごろまで

○寒中のお見舞い申し上げます

ご丁寧な賀状を頂き有難うございました

○寒中のお伺いを申しあげます

お地の寒さは格別とのことお察ししております

○大寒のお見舞いを申します

いかがおしのぎかとお案じしています

○厳冬のお見舞いを申し上げます

いよいよ本格的な冬将軍の訪れでございます

○寒中お見舞い申しあげます

今年は例年にないような寒さと聞きますが

皆様お変りなくお過ごしのことと思います

○酷寒のお伺いを申し上げます

相変らず寒い毎日ですがお達者ですか

○寒冷のお見舞いを申し上げます

雪国の寒さは格別なのでお大事になさいませ

○厳寒のお伺いを申しあげます

底冷えのする日々お元気でいらっしゃいますか

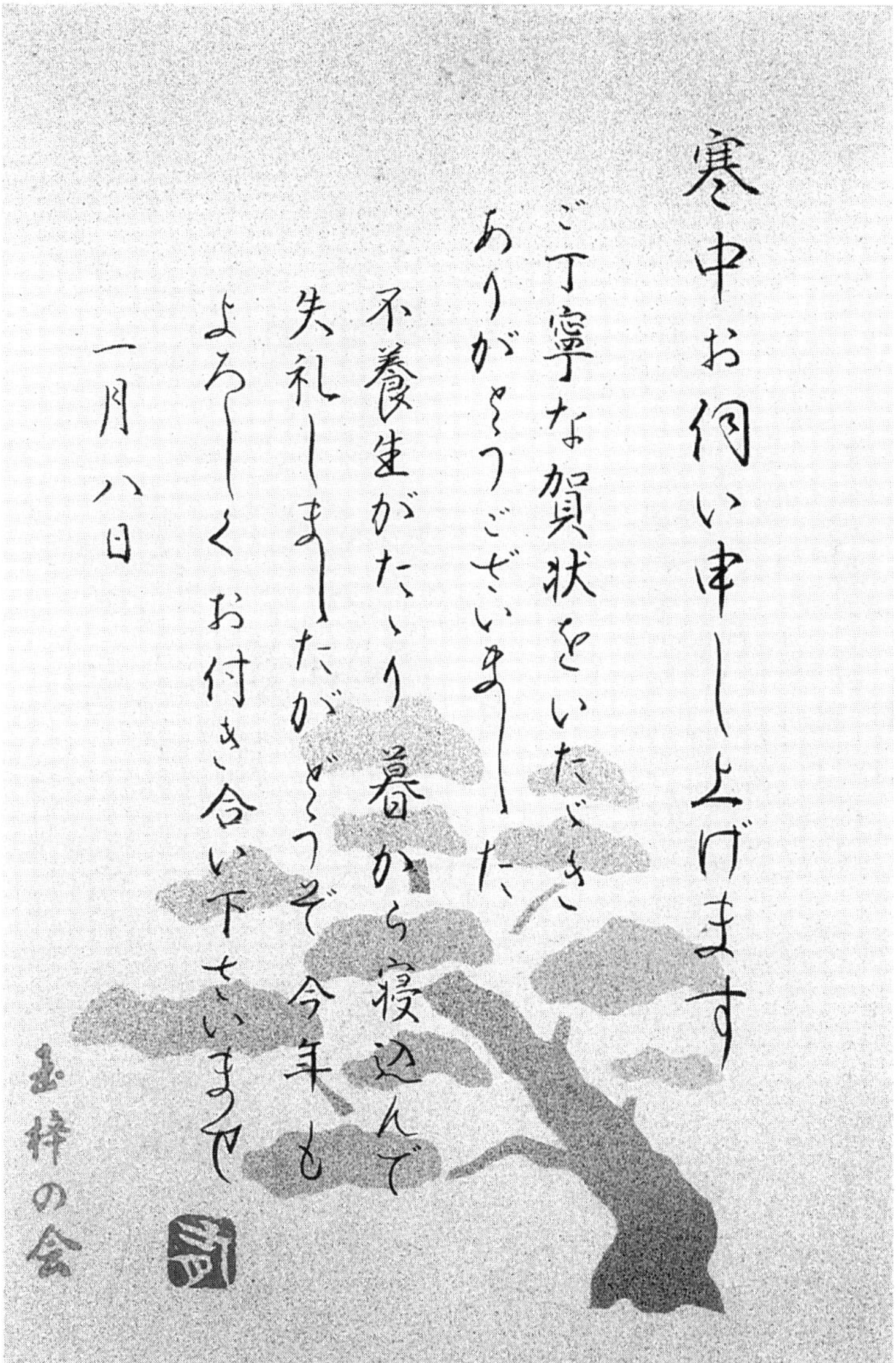
寒中お伺い申し上げます
ご丁寧な賀状をいただき
ありがとうございました
不養生がたたり暮から寝込んで
失礼しましたがどうぞ今年も
よろしくお付き合い下さいませ
一月八日
玉梓の会

寒　中　見　舞

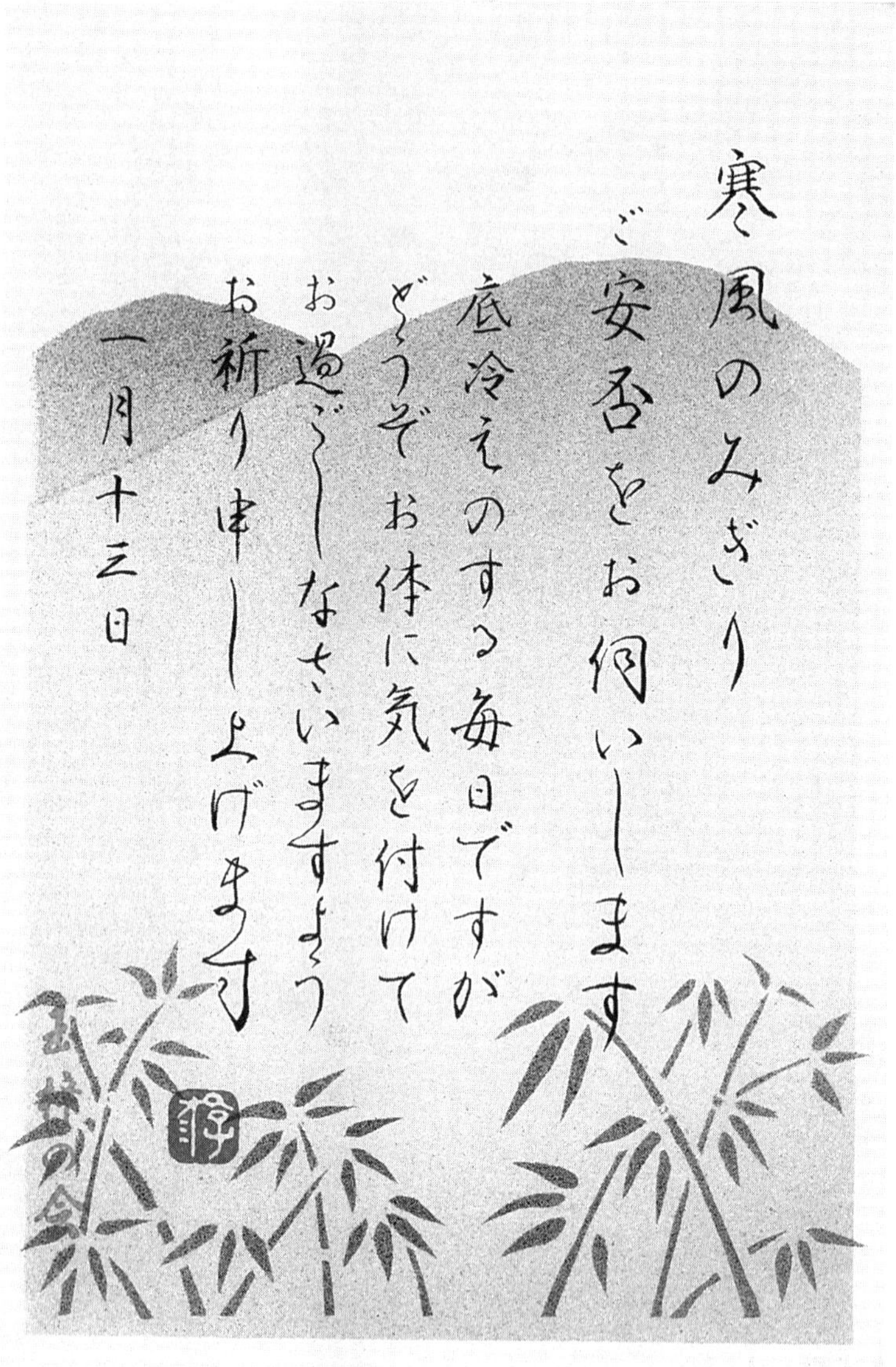
寒風のみぎり
ご安否をお伺いします
底冷えのする毎日ですが
どうぞお体に気を付けて
お過ごしなさいますよう
お祈り申し上げます
一月十三日

寒　中　見　舞

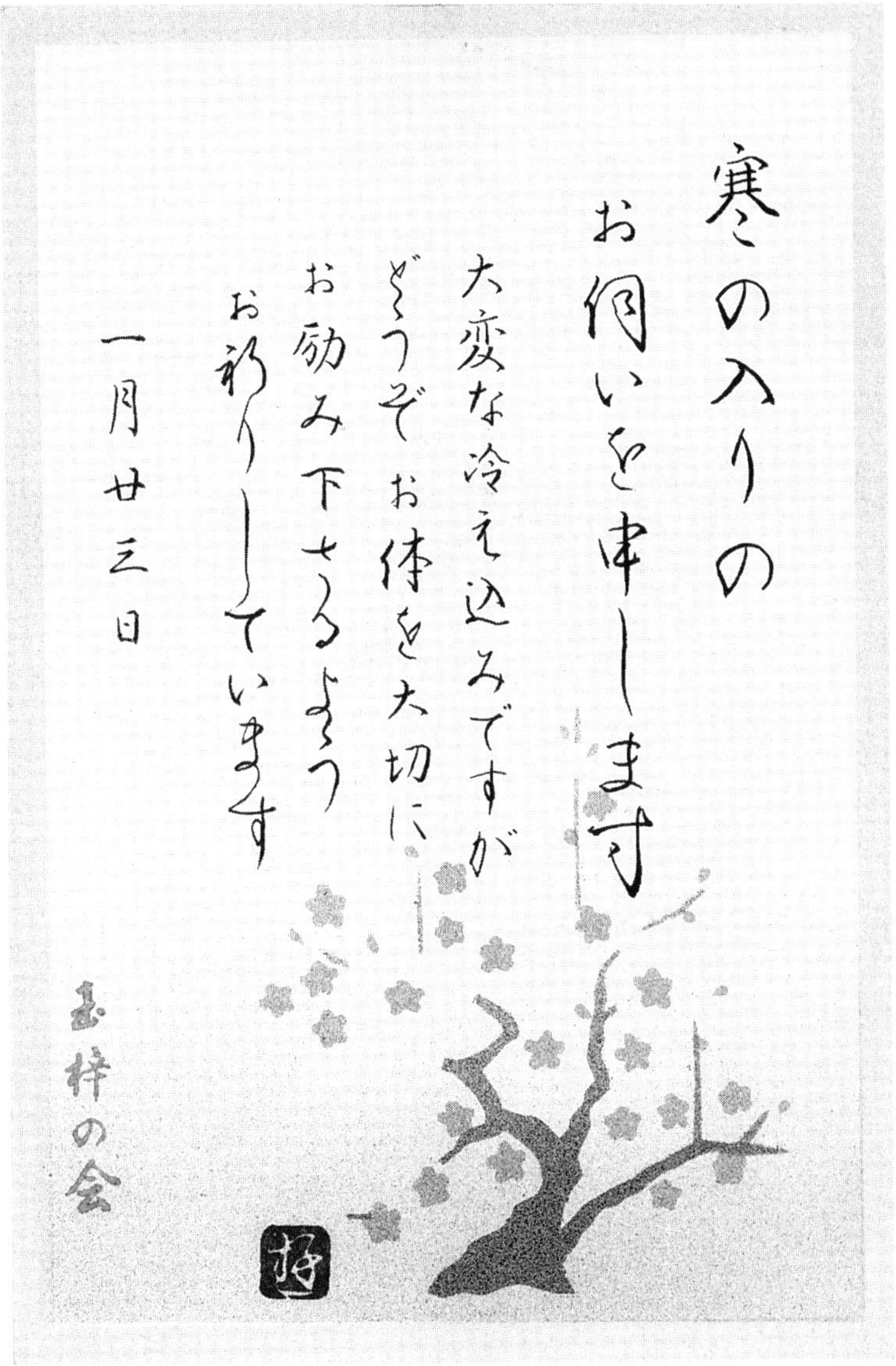
寒の入りの
お伺いを申します
大変な冷え込みですが
どうぞお体を大切に
お励み下さるよう
お祈りしています
一月廿三日
玉梓の会

寒　中　見　舞

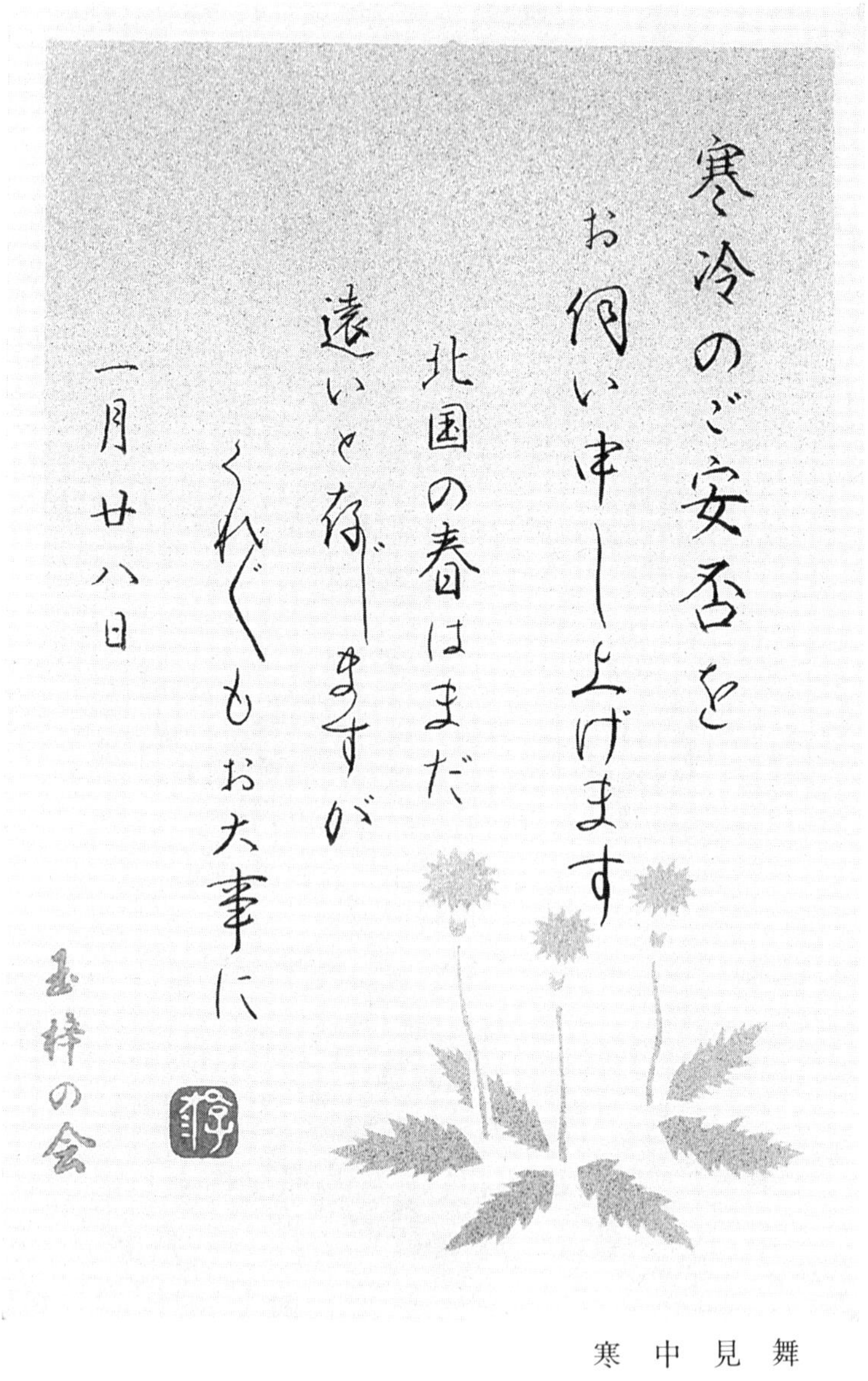
寒冷のご安否を
お伺い申し上げます
北国の春はまだ
遠いと存じますが
くれぐれもお大事に
一月廿八日
玉梓の会

寒　中　見　舞

二月如月《きさらぎ》

□和風月名　△…のみぎり、…の候、で使える書き出し語
◎自然　魚　野菜などの食べもの　◇今月の行事風物

立春《りっしゅん》　四日ごろ　節分の翌日で春の息吹から春立とも言う
雨水《うすい》　十九日ごろ　暖かさに雪が冷めたい雨となり氷が解けはじめる

□麗月　梅見月　梅月　初花月　雪消月　初芽月　雪解月　早緑月　梅色月
△残寒　余寒　春寒　晩季　季冬　晩冬　立春　残雪　春寒　向春　梅花

◎梅　猫柳　まんさく　寒椿　犬ふぐり　雪割草　蕗のとう　星の瞳　ヒヤシンス　スノードロップ
鶯　ひばり
寒ぶり　白魚　槍いか　わかさぎ　さより　わかめ　かき　めざし
春菊　蕨　蕪　芹　三ツ葉　人参　水菜

◇節分　初午　札幌雪まつり　針供養　建国記念日　聖バレンタインデー　伊勢神宮祈年祭　春の全国火災予防運動　受験シーズン　雛人形飾り　梅見　麦踏み　野焼き

二月上旬の書き出し

節分　四日ごろ　節分の豆まきは魔を滅する意

○立春とは名ばかりの厳しい寒さでございます

○春立ちましたが寒さ一段と厳しい昨今です

○向春とはいえまだ真冬の寒さの毎日です

○梅花の候まことに寒さ厳しい折から
　いかがお過ごしでいらっしゃいますか

○節分の今日氏神さまにお参りしましたが

○残寒なおお耐えがたいこの頃ですが
　皆様にはご息災にお暮しのことと存じます

○春寒いよ〳〵つのるこの頃でございます

○早咲きの梅の蕾が綻び始めたようです

○受験シーズンでわが家の春は当分お預けです

○寒気はまだ暫くは遠のく気配はありませんが

○春とは名のみで寒さがぶり返したようです

○雪に閉ざされ春が待ち遠しい限りです

○春は立ち乍ら寒さ去りやらぬ日々でございます

○なんとなく春めいて大分しのぎやすくなりました

○雪解月と申し日に日に春めいて参りました

二月中旬の書き出し

春一番とは立春以後の最初に吹く強い南風

○残寒厳しい昨今お元気の由何よりと存じます

○寒気冴えわたり外出も控え気味です

○春寒のみぎり如何お過ごしでしょうか

○厳しい寒波の襲来で寒さが逆戻りですね

○バレンタインで街はまるでお祭りのようです

○残寒去りやらぬ折柄皆様お元気ですか

○寒さのなかにも春の足音が聞え始めました

○梅のつぼみがふくらみ始めたこの頃です

○梅一輪ずつの暖かさと昔の人は申しましたが

○向春の候お変りもなくお過ごしと存じます

○立春が過ぎたと思うと気分が明るくなります

○寒い日中の日だまりに幸せを感じる私です

○ようやく春の訪れが感じられるこの頃です

○梅見の噂もそろ〳〵聞かれる頃になりました

○卒業式も近づき校庭の梅が咲き始めました

○早咲きの梅の花を見つけ嬉しくなりました

○寒い〳〵と言いながらも春の兆しが見え始めました

二月下旬の書き出し

○寒さもやゝゆるみ春の訪れが待ち遠しい限りです

○残寒身にしむこの頃ですが如何おしのぎですか

○やっとここに来て春の息吹が感じられるようです

○三寒四温の季節 皆様お元気にお過ごしですか

○桃の季節も近づきましたのに冬があと戻り
したような毎日ですが皆様お達者ですか

○少しずつ日足も伸び始め春の訪れが感じられます

○余寒の候 皆々様お変りございませんでしょうか

○庭の水仙が咲き 春はもうすぐやって参ります

○春浅い日々が続いていますが ご機嫌いかがですか

○耳を澄ませば鶯の声 春が待ち遠しい限りです

○柳の芽もやゝ色めき始め 春の訪れを感じます

○寒いと肌に感じながらも少しゆるみ始めました

○心なしか寒さもゆるんで日ざしが暖かくなりました

○晴天には日ざしのやわらかさが感じられるように
　なりましたが 皆様お変りございませんか

○寒さも幾分ゆるみ 春が近ずいて参りました

二月の結び

○立春も過ぎ春をひたすら待ちわびる今日この頃
　なお一層のご自愛をお祈りしております

○余寒はいっそう身にしみると申しますので
　お体にはくれぐれもお気をつけ下さいますよう

○春近しと言え寒さ厳しくお体おいとい下さい

○まだまだ寒さは続きますのでご自愛専一に

○春待つ日々のご平安を心からお祈りしています

○底冷えのする日々特にお風邪にはご注意の程を

○日足は延びても二月は特に寒さが厳しいとき
どうぞご油断なさらないようお祈りします
○受験も今暫くの辛抱です 頑張って下さいね
○もうすぐ春 お逢い出来る日を楽しみに
○寒さ厳しい折何卒お元気でお過ごし下さい
○春が待ち遠しい気持ちで一杯です 暖かく
なったら是非テニスのお手合わせを願います
○梅の蕾もふくらみ ねこ柳の芽も銀色に
輝やいています お体に気をつけ頑張って下さい

○この季節風邪が大流行とかご自重下さいませ

○梅の開花が寒さにこごえる心を和ませて
くれます　本当に春が待ち遠しいですね

○余寒はまだ続きそうでお大事になさって下さい

○ひと頃のインフルエンザは鳴りをひそめましたが
決してご用心を怠りませんように

○春待つ気持ちはひとしおです　ではお元気で

○スキーシーズンも間もなく終りますので
最後の一滑りご一緒に如何でしょうか

余寒見舞

二月四日ごろ（立春）以後寒さの続くまで

○余寒のお見舞いを申し上げます
どうぞお元気でお過ごし下さいますよう

○余寒のお伺いを申し上げます
お達者にてご活躍のほどをお祈りしています

○残寒のお見舞いを申します
ご家族様のご無事を念じております

○春寒のお伺いを申しあげます
皆々様の恙ないお暮らしをお祈りします

○春寒のお伺いを申します

まもなく春です　家から足を踏み出して

外の空気を充分に取り入れましょう

○晩冬のお見舞いを申し上げます

平穏無事を心からお祈りしております

○残寒のお伺いを申しあげます

冬ごもりの体をほぐして頑張りましょう

○残雪のお見舞い申しあげます

今暫くのご辛抱で春がやって参ります

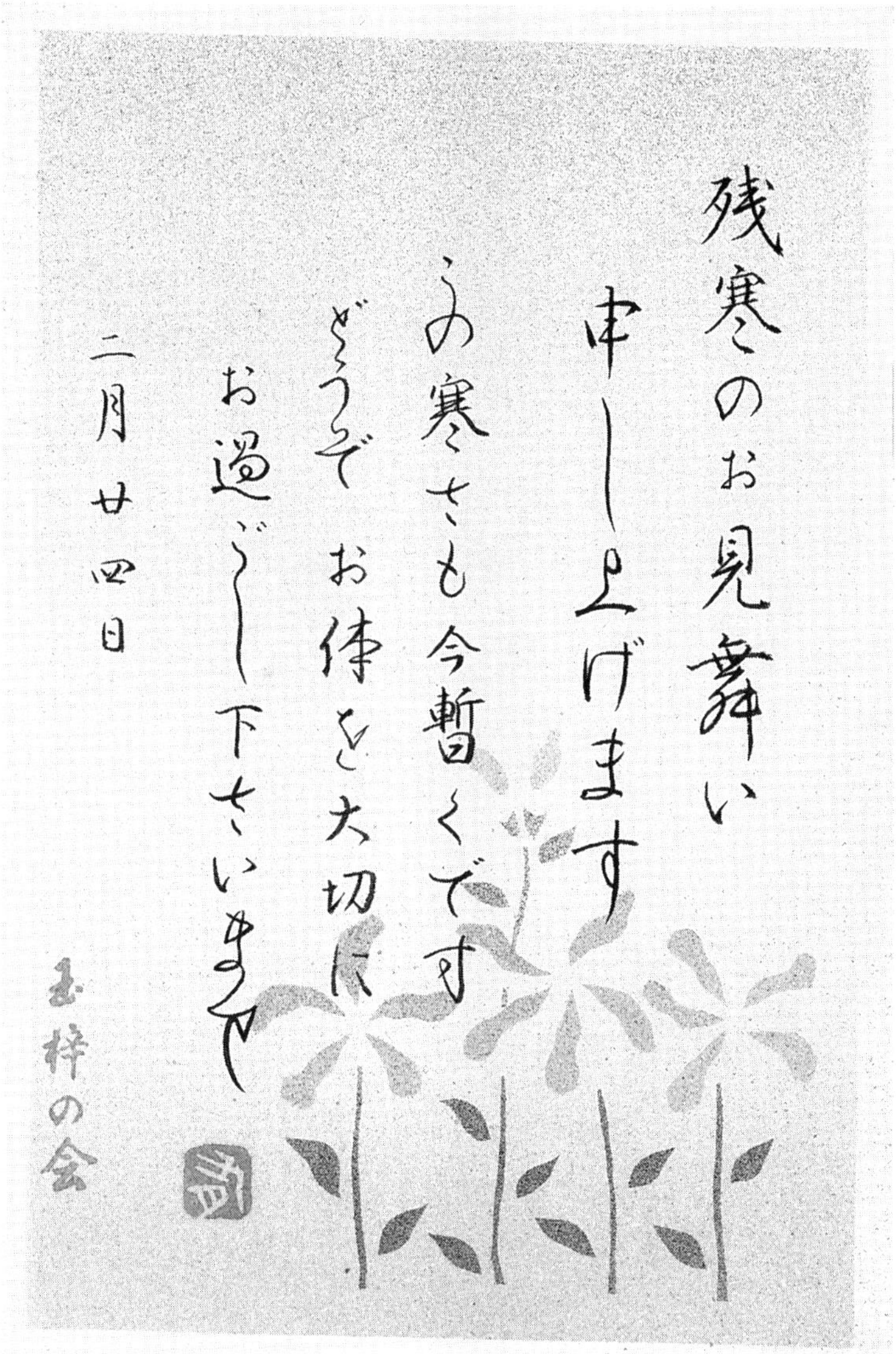
残寒のお見舞い
申し上げます
お寒さも今暫くです
どうぞお体を大切に
お過ごし下さいませ

二月廿四日

玉梓の会

余寒見舞

余寒のご安否を
お伺いします
南の国からもうすぐ
暖い春が参ります
どうか頑張って下さいませ
一月二十九日
玉梓の会

余寒見舞

三月弥生《やよい》

□和風月名　△…のみぎり、…の候、で使える書き出し語
◎自然　魚　野菜などの食べもの　◇今月の行事風物

啓蟄《けいちつ》　五日ごろ　暖かくなりはじめ冬ごもりの虫が穴から這い出る
春分《しゅんぶん》　二十一日ごろ　昼夜の長さが同じ日で春の彼岸の中日
□花月　春惜月　夢見月　嘉月　桃月　桜月　花見月　桜見月　桃見月
△早春　春色　春雨　春雪　春暖　春分　春寒　浅春　解氷　水ぬるむ
◎沈丁花　椿　菫　桃の花　彼岸桜　木蓮　菜の花　タンポポ　母子草　れんげ草　水仙
燕　絞白蝶　白鳥　雁は北へ　ひばり　雉
白魚　あさり　さわら　さざえ　しじみ　やりいか　若あゆ
ちしゃ　たで　うど　春大根　にんにく　にら　つくし　わらび
雛あられ　菱餅　白酒　木の芽あえ
◇全国緑化運動　雛祭　国際婦人デー　奈良東大寺二月堂お水取り　春の彼岸の中日　大相撲春場所　卒業式　所得税確定申告　春休み　春の高校野球　墓参り　山焼き　植木市　潮干狩　摘み草　ハイキング　森林浴　バードウォッチング

三月上旬の書き出し

桃の節句　三日

○早春のみぎり寒さも大分ゆるんできました
○日ごとに暖かさが増して春めいて参りました
○水ぬるみ春の息吹きを感じるこの頃です
○雛まつりはいくつになっても嬉しいものですね
○春寒の候皆様いかがお暮らしでしょうか
○啓蟄も過ぎだいぶ暖かくなってまいりました
○春まだ浅いこのごろご機嫌いかがでございましょうか
○浅春の候お健やかにお過ごしのことと存じます

○桃の節句も過ぎていよ〳〵春がやって参りました

○昨日今日は春になったせいか風もおだやかです

○一輪〳〵の桃のつぼみがぱっと開きました

○お雛祭りで皆様の楽しげな顔が浮かぶようです

○一雨ごとに春の気配が濃くなって参りました

○寒暖定まらぬ毎日ですが皆様如何お暮らしですか

○野山がだん〳〵春の色に変わるのが楽しみです

○淡雪も消え 春の気配が一段と感じられます

○花便りも聞こえ始め 学生生活もあとわずかですね

三月中旬の書き出し

奈良東大寺二月堂お水取り　十二日

○春暖の候花の便りが聞かれる季節となりました

○今年も春分の日を迎える頃となりました

○春光満ちる季節となりましたが皆様お元気ですか

○思いがけない春の大雪に大変でしたが　そちらの

皆様には如何お暮らしかと案じております

○奈良のお水取りも終わりいよいよ春が参りました

○春一番が吹いてさすがに暖かくなりましたね

○お水取りがすむと春を迎える準備が整った感じです

○椿の美しい色とりぐくの花が春の使者のようです

○余寒も薄れ一雨ごとに暖かくなって参りました

○暑さ寒さも彼岸までと申しますがいかがですか

○れんぎょうの黄色が春の日ざしに映えています

○一雨ごとの暖かさで春はそこまで来ている感じです

○春雨に草木の芽も次第にふくらんでくるこの頃です

○野山が明るい色に染まるのが楽しみな季節です

○桜の蕾もふくらみ始め春色にわかに深まりました

○春うらら心まで和むこの頃ですが如何お暮らしですか

三月下旬の書き出し

春分の日　二十一日ごろ
菜種梅雨　下旬から降り続く雨

○土筆やわらびが見られるようになりました

○春のやよいこぞって木も花も蕾を膨らませました

○寒さもゆるみもうすぐ卒業式ですね

○木々のみどりが日ごとに色めくようになりました

○寒さがやっとゆるんで来て春らしいこの頃です

○いよいよご卒業 天も地も花いっぱいの正に春です

○雪解けは聞かれますものゝ春の足音はいま一歩です

○最後の春休みを充分に楽しんでいらっしゃいますか

○春の曙に風情を感じる頃ですが　お元気ですか

○春の遅い北国も漸くその兆しを見せ始めました

○菜種梅雨の静かな午後　いかがお暮らしでしょうか

○やわらかな春風が吹くようになりました

○どこからか漂って来る花の香りに心和む思いです

○野に陽炎の立つ頃ですが　ご機嫌いかがでしょうか

○春はスタートの季節　もう準備は整いましたか

○春眠暁を覚えずの季節ですが　その後如何ですか

○卒業式も終え　いよいよ社会人としての船出ですね

三月の結びの言葉

菜種梅雨とは菜の花盛りのころに降る春の長雨

○春寒のおり　どうぞ　お元気でお暮らし下さい

○皆々様にはご壮健にて　お過ごし下さいますよう

○先達っての海外旅行のお話を楽しみにね

○日ざしも明るくなり心も躍るころですが
　油断して風邪など引かれませんように

○春はもうそこまで来ています　お身大切にね

○花どきの習いで　気候も不順になりがちな
　この頃です　どうか　お体をこわさないように

○寒さはあと一息の辛抱です　ではお元気でね

○花どきには風邪も引きやすいと聞きますので
　決してお気をゆるめないようにご自愛下さい

○暑さ寒さも彼岸までとか　春はもうそこまで
　やって来ています　くれぐれもお体を大事にね

○寒さはあと少しです　元気に春をお迎え下さい

○もう一雨で桜も咲くでしょう　ではお達者で

○三寒四温のみぎり　ご自愛のほどをお祈りします

○春の陽にお健やかな日々をお過ごし下さいますよう

○そちらではまだ寒さきびしいとか　お大事に

○躍動の春ですご健康とご発展をお祈りします

○ご卒業のご感想はいかがでしたか　こめつぎ
お会いした折にはぜひお聞かせ下さい

○木の芽どきは体調を崩しやすい時ですから
くれぐれもお体には気をつけて下さいませ

○お風邪を引きやすい季節ですから　お大事に

○今しばらくは特にご自重なされますように

○春先の不養生には特にお気を付け下さい

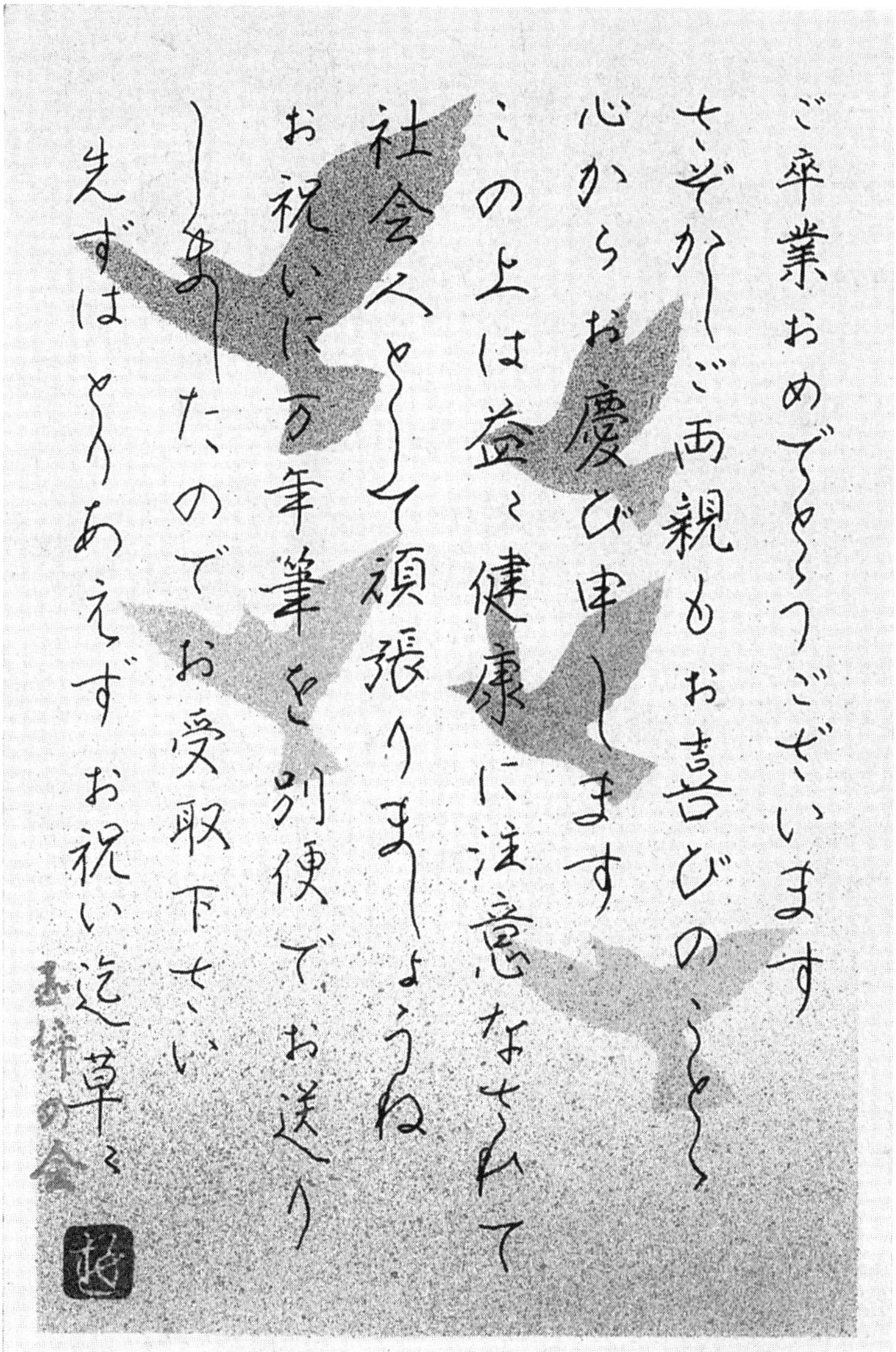
ご卒業おめでとうございます
さぞかしご両親もお喜びのことと
心からお慶び申します
この上は益々健康に注意なされて
社会人として頑張りましょうね
お祝いに万年筆を別便でお送り
しましたのでお受取下さい
先ずはとりあえずお祝い迄 草々
玉絆の会

卒業祝い

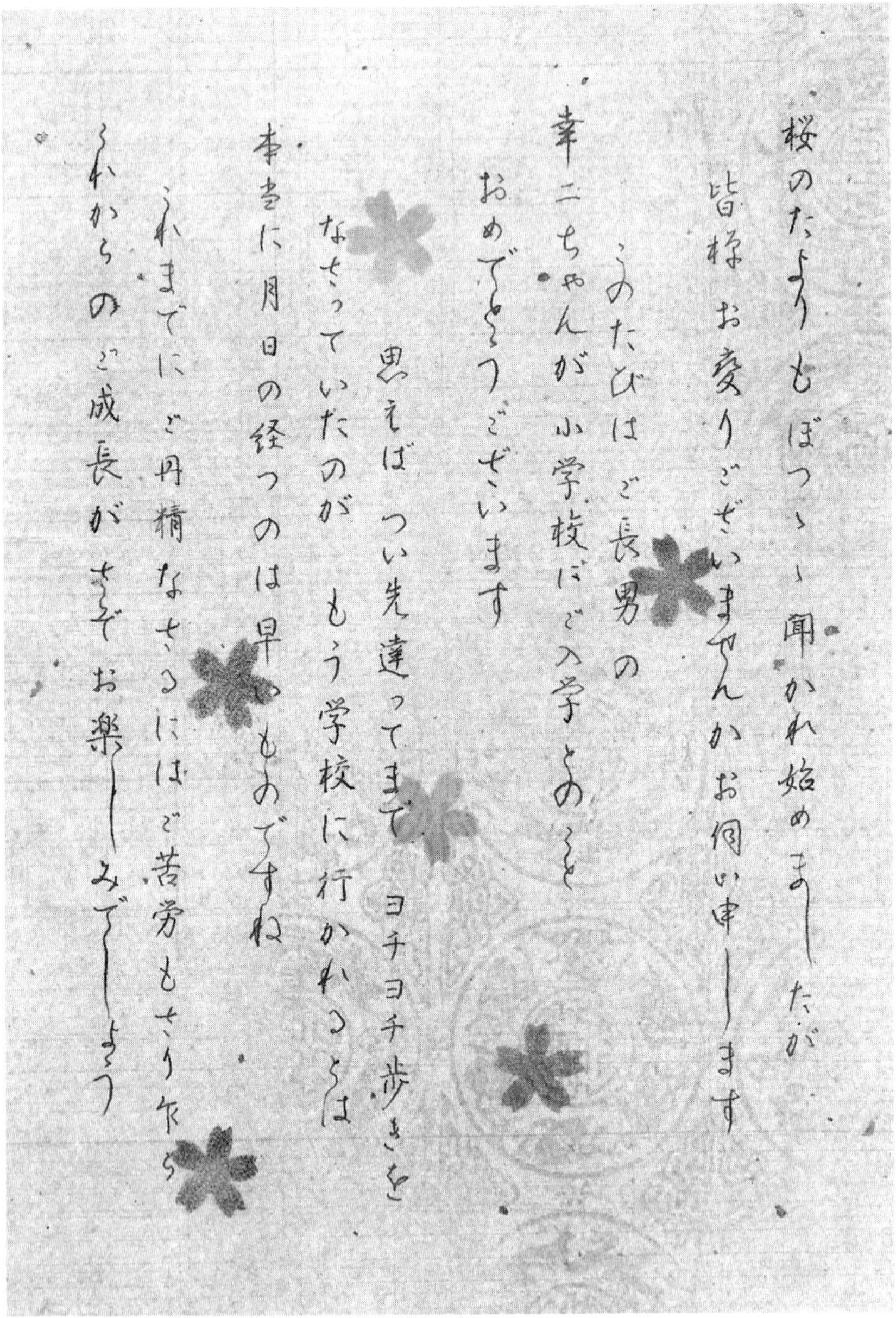
桜のたよりもぼつぼつ聞かれ始めましたが
皆様お変りございませんかお伺い申します
このたびはご長男の
幸二ちゃんが小学校にご入学とのこと
おめでとうございます
思えばつい先達ってまでヨチヨチ歩きを
なさっていたのがもう学校に行かれるとは
本当に月日の経つのは早いものですね
これまでにご丹精なさるにはご苦労もさぞかし
これからのご成長がさぞお楽しみでしょう

入　学　祝　い（縮尺70％）167×243

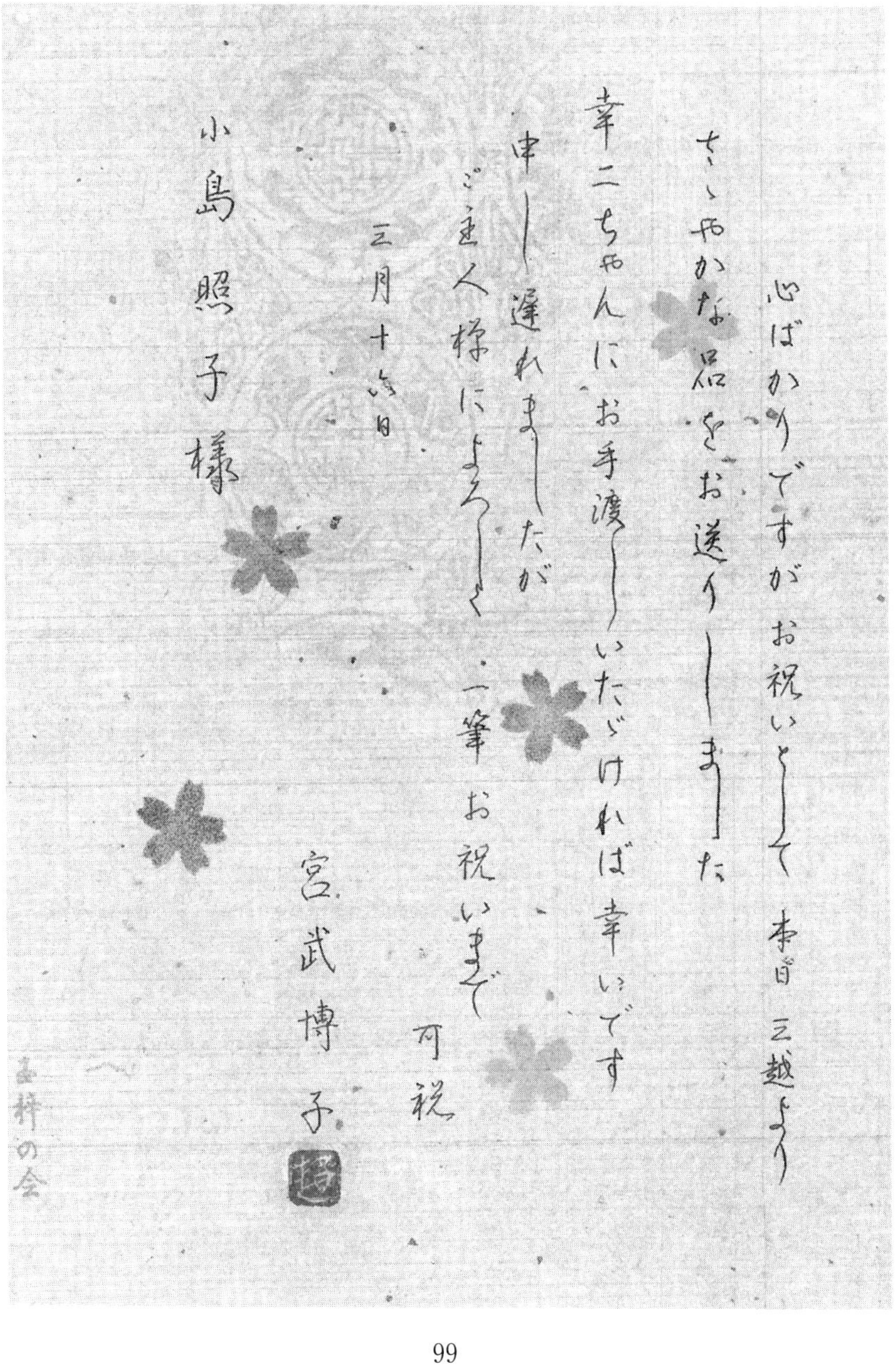
心ばかりですがお祝いとして本日三越より
ささやかな品をお送りしました
幸二ちゃんにお手渡しいただければ幸いです
申し遅れましたが
ご主人様によろしく 一筆お祝いまで
可祝
三月十四日
宮武博子
小島照子様

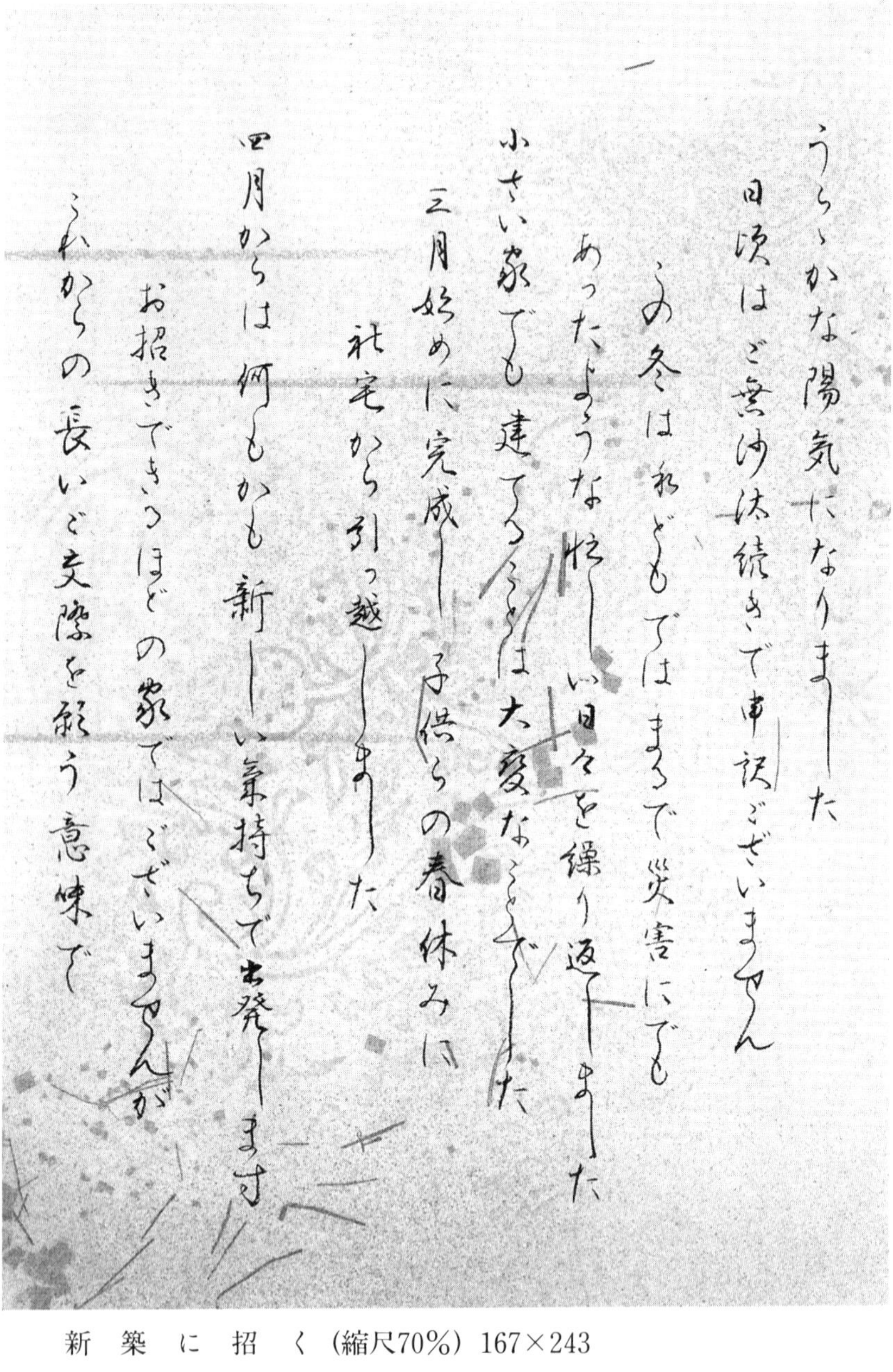
うららかな陽気になりました
日頃はご無沙汰続きで申訳ございません
この冬は私どもではまるで災害にでも
あったような忙しい日々を繰り返しました
小さい家でも建てるのは大変なことでした
三月始めに完成し子供らの春休みに
社宅から引っ越しました
四月からは何もかも新しい気持ちで出発します
お招きできるほどの家ではございませんが
これからの長いご交際を願う意味で

新　築　に　招　く（縮尺70％）167×243

親しい方々十名程にお集り頂くことにしました
お持て成しの品は何もございませんが主人共々
心をあわせて準備いたします
四月十日(日)午後一時を目安にお気遣いなく
お越し下さいませ
先ずは書中にてご案内まで
かしこ
三月十九日
丸山康一 内
緑
深田道男様
追って 駅からの地図を同封いたします
新宿からの電車は前がご便宜でございます

玉梓の会

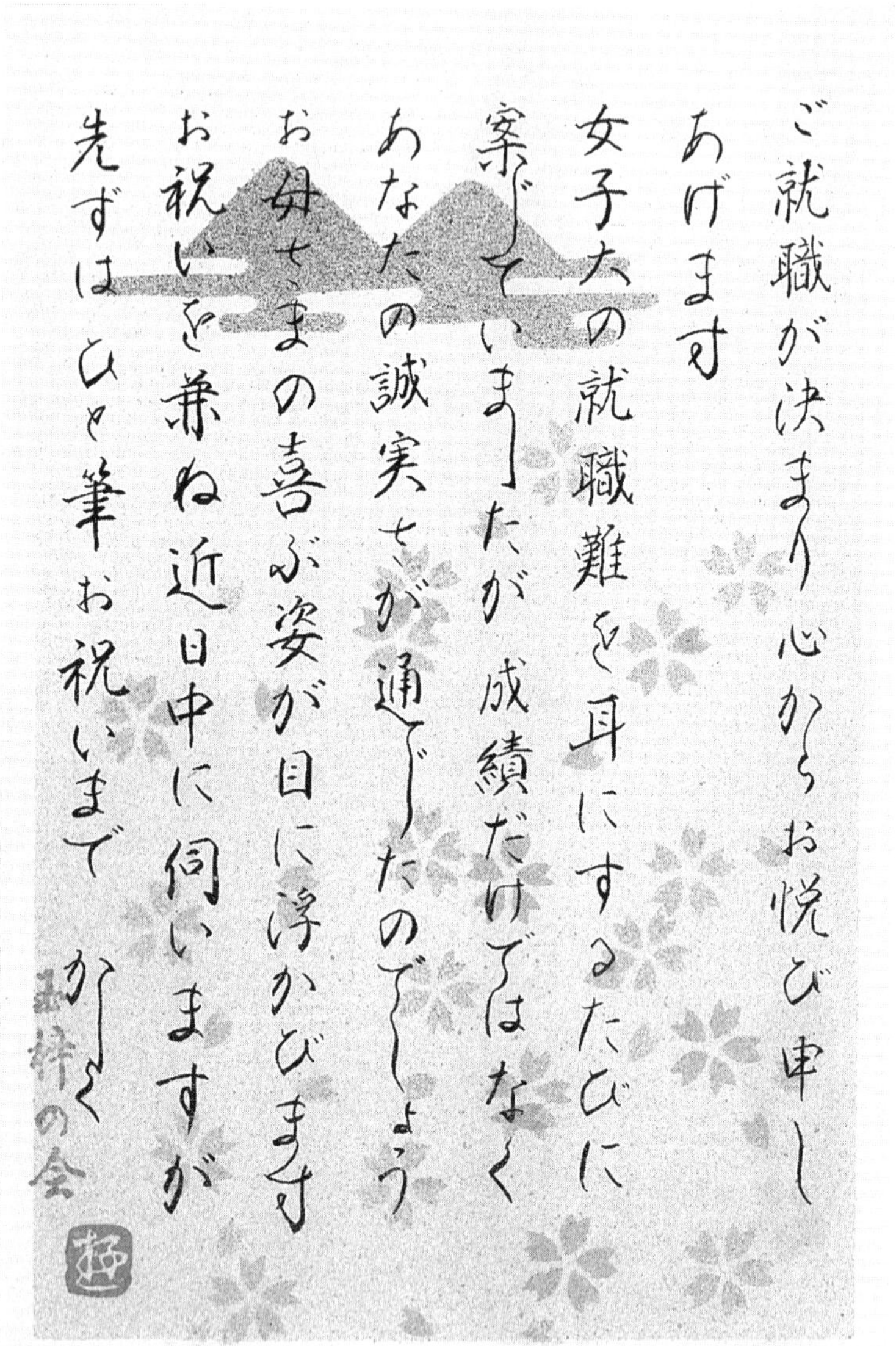
ご就職が決まり心からお悦び申し
あげます
女子大の就職難を耳にするたびに
案じていましたが成績だけではなく
あなたの誠実さが通じたのでしょう
お母さまの喜ぶ姿が目に浮かびます
お祝いを兼ね近日中に伺いますが
先ずはひと筆お祝いまで
かしこ
玉梓の会

就職祝い

四月 卯月《うづき》

□和風月名　△…のみぎり、…の候、で使える書き出し語
◎自然　魚　野菜などの食べもの　◇今月の行事風物

清明《せいめい》　五日ごろ　東南の風が吹き万物清らかで草や木が芽を出す
穀雨《こくう》　二十日ごろ　春の暖かい雨で植物が芽を伸ばし百穀を潤す

□清和月　鳥来月　木葉採月　夏初月　卯の花月　鳥月　花残月　鳥待月
△春風　陽春　春粧　花信　温暖　仲春　春爛漫　花冷え　春風駘蕩　春宵

◎桜　藤　矢車草　あんず　菜の花　山吹　母子草　チューリップ　こぶし　山桜　八重桜　きんぽうげ　スイートピー
春せみ　雀　おたまじゃくし　かえる　蜂　蚕
鰊　桜鯛　むつごろう　ます　ほたるいか　うに
たけのこ　アスパラガス　わさび　つくし　ぜんまい　いちご　草餅　わらび餅

◇新学年　エイプリルフール　花祭り　仏生会　女性週間　発明の日　逓信記念日　靖国神社春季大祭　みどりの日　入園　入学　進級　就職　花見　結婚シーズン　春の交通安全運動　花見　潮干狩り　プロ野球開幕　遠足　種蒔き

四月上旬の書き出し

仏生会・花祭り　八日

○清明のみぎり　その後　皆様お健やかにお過ごしでしょうか　お伺い申し上げます

○お花見シーズンとなり　なんとなく華やいでおります

○四月というのに　この寒さ　桜の花もふるえています

○桜花満開すばらしい季節が参りました　ご家族の皆様にはお変りございませんか

○ご入学日も近付き　さぞお喜びのことでしょう

○花冷えの肌寒い日々ですが　皆様いかがですか

○希望あふれる春をお迎えのこととご存じます

○春光うららかな季節が参りました

○桜も満開でお花見が連日催されているようです

○夜空におぼろ月が美しい頃となりましたが

○新学期も始まりお忙しいこととお察しいたします

○花祭りの時期ですがお元気でお暮らしと存じます

○河辺の柳も青々と芽吹きましたがその後如何ですか

○野も山もすっかり春になりましたがご一同様には

恙なくお過ごしのこととお悦び申します

四月中旬の書き出し

花冷えとは急に冷え込んで霜柱などが立つ寒の戻り

○プランターに植えた菫に蝶が舞っております
○うたゝ寝が気持ちよいこの時期お元気ですか
○せっかくの桜もきのうの雨で散ってしまいました
○春雨が音もなく降っています
○春嵐に落花の惜しまれる季節となりました
○お花見もしない内に葉桜となってしまいました
○和やかな日差しが心地よいこの頃です
○若葉の萌え立つ頃となりましたが お元気ですか

○快適な春 つゝがなくお勤めのご様子なによりです

○のどかな春日和が続く近頃お元気ですか

○庭の花の水やりに心もはずむ毎日です

○夜空におぼろ月がとても美しい頃となりました

○真新しいランドセルが躍る姿に心若やぐ思いです

○桜もすっかり葉が繁って春風に揺れています

○静かに降る春雨に心が安らぐような午後です

○春の日が穏やかに暮れる近頃いかゞお過ごしですか

○藤の花が長くしなって美しく咲いております

四月下旬の書き出し

○春日のどかな好季節ご家族の皆さんお元気ですか

○花の盛りも過ぎて緑が一段と濃くなりました

○春暖の候皆様お元気の由何よりのことです

○花曇りのおだやかな毎日でございます

○おぼろ月夜に誘われてお便りを認めております

○新芽に春の雨が降りそそぎ新緑ますます鮮やかです

○暖かい日ざしが部屋いっぱいに差しこむこの頃です

○花のうわさに鳥の歌声も一層賑やかになりました

○いよくゴールデンウィーク皆様お変りございませんか

○春たけなわ野にも山にも花の香りで一杯です

○うらゝかな春の日ざしですがお出かけになりましたか

○一段と暖かくなり日中は汗ばむほどの陽気です

○花散る風情にも春の趣を感じるゝの頃です

○色とりぐの花の季節ご機嫌いかゞでございますか

○南風しきりの好日いかゞお過ごしですか

○春を惜しむこの頃です お変りございませんか

○春深く木々の緑も色濃くなって参りました

四月の結びの言葉

○花冷えの季節くれぐれもご油断なきように

○思いがけない寒さの逆戻りにご用心下さいませ

○新年度の行事多忙の折お体に気をつけて下さい

○時に桜の花びらもふるえるような寒さにどうぞ

お風邪など引かれぬようご自愛を祈ります

○入学式を迎えるお子様のお幸せをお祈りします

○夜桜見物でもしませんかご都合お聞かせ下さい

○花冷の時期は体調をくずしやすいものお大事にね

○桜花咲きほこるこの美しさを満喫して下さい

○ではきびしい冬をこえてやっと巡り来たこの春を
心ゆくまで楽しんで下さい 皆様によろしく

○そちらの桜はこれからと思われますが お楽しみに

○おぼろ月夜にさそわれての乱れ書き お許し下さい

○北国ではまだ消えやらぬ雪もあることでしょうが
今しばらくの辛抱ですからご自愛下さい

○春陽の素晴らしい季節 皆々様のますますの
ご繁栄を心より お祈りしております

○あまり夜更しをしないでね　おやすみなさい

○朧月夜のひとゝき　懐旧の念にかられつゝ認めました

○新学期で何かと忙がしいと思いますがお元気で

○初めての大学生活で大変でしょうが頑張ってね

○春暖のみぎり　皆様お達者でお過ごし下さい

○暮春の哀愁に浸りながら筆をとりました

○春光あまねく　身も心も引き立つこの季節
　ご一同さまのご健康とご発展をお祈りします

○一年中で最もおだやかな昨今たまにはお立寄り下さい

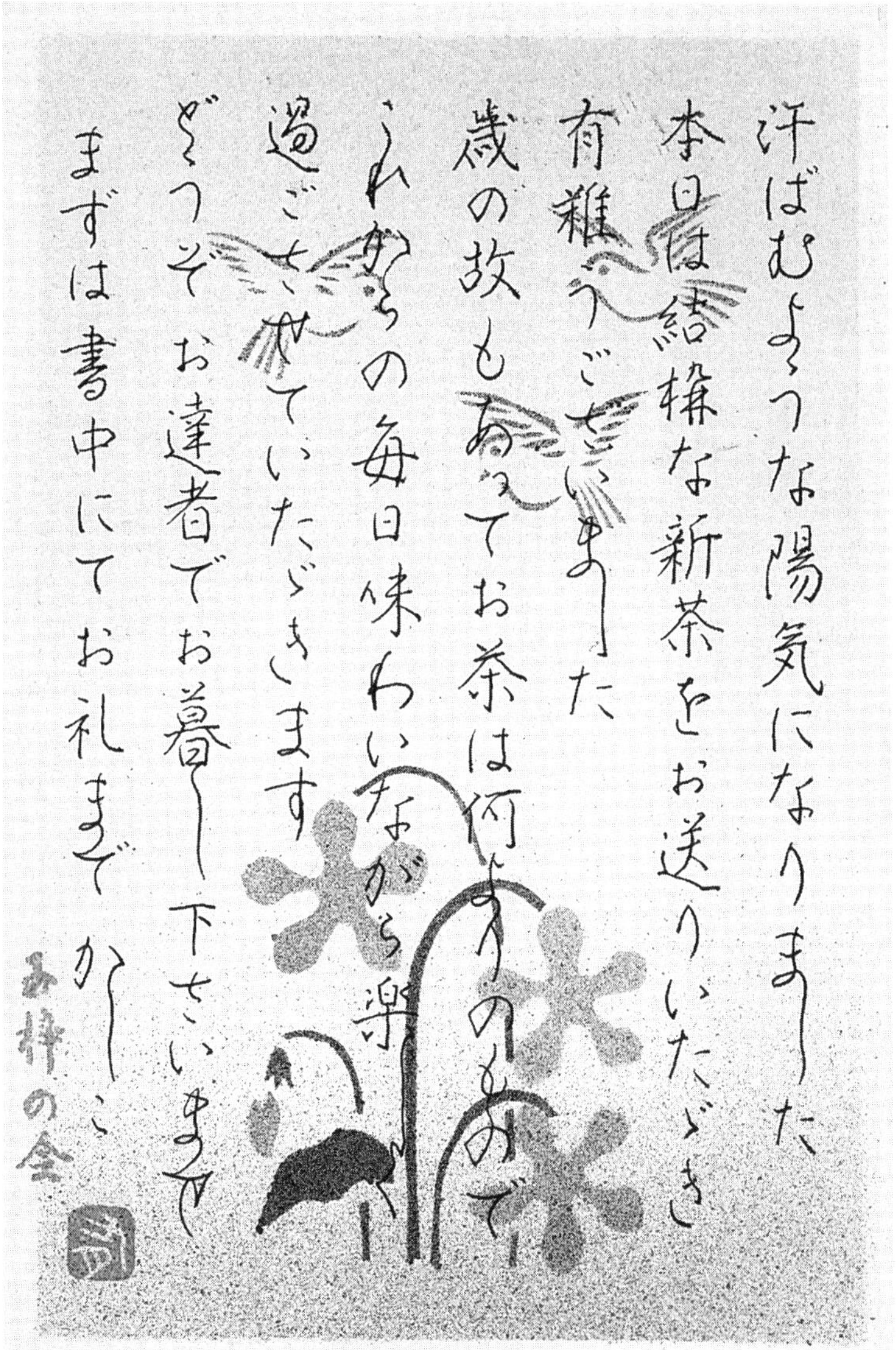
汗ばむような陽気になりました
本日は結構な新茶をお送りいただき
有難うございました
歳の故もあってお茶は何よりのもので
これからの毎日味わいながら楽しく
過ごさせていただきます
どうぞお達者でお暮し下さいませ
まずは書中にてお礼まで　かしこ

贈りもののお礼

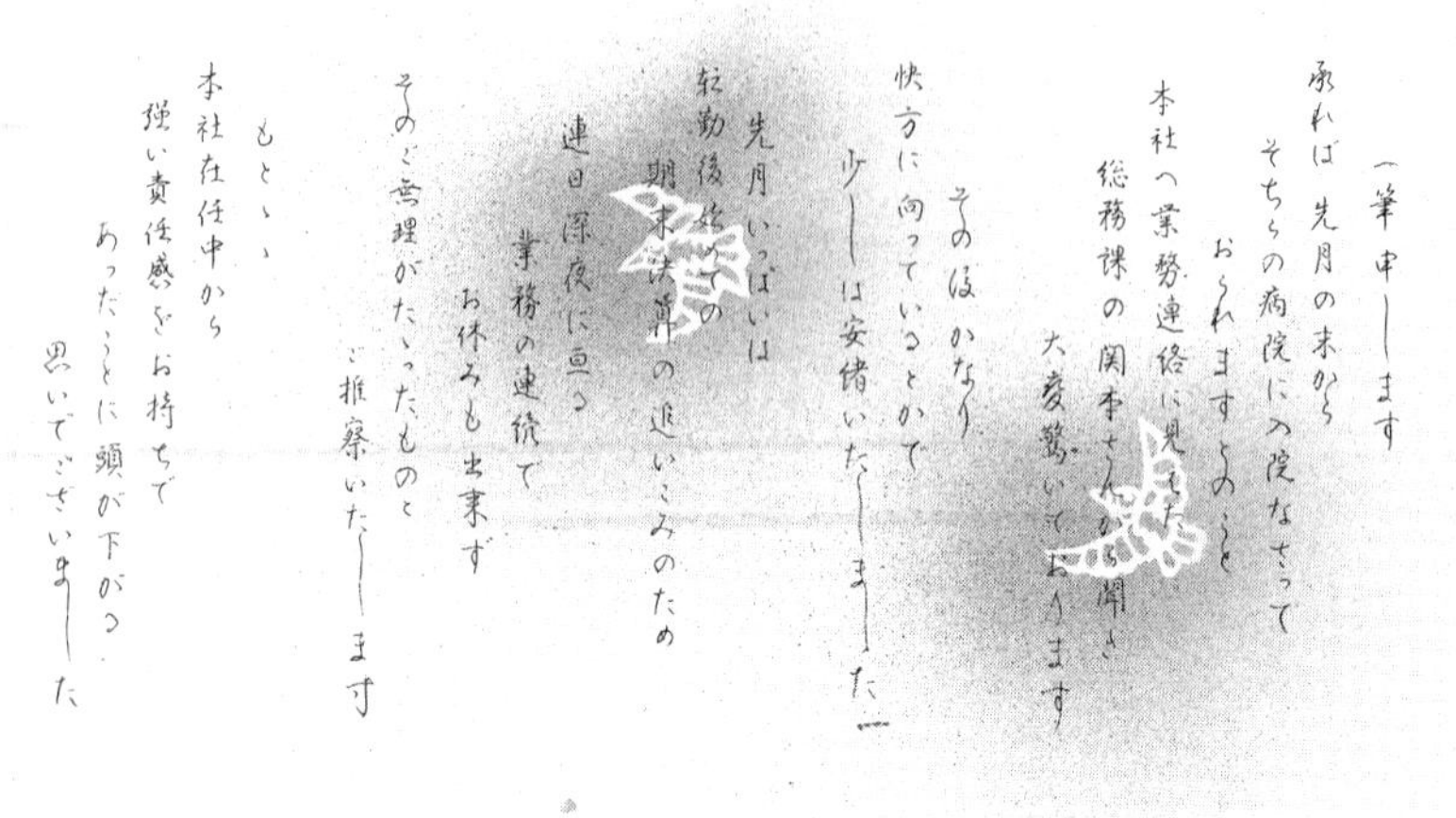

一筆申します
承れば 先月の末から
そちらの病院に入院なさって
おられますとのこと
本社へ業務連絡に見えた
総務課の関本さんから聞き
大変驚いております
その後かなり
快方に向っているとかで
少しは安堵いたしました
先月いっぱいは
転勤後初めての
期末決算の追いこみのため
連日深夜に亘る
業務の連続で
お休みも出来ず
そのご無理がたたったものと
ご推察いたします
もともと
本社在任中から
強い責任感をお持ちで
あったことに頭が下がる
思いでございました

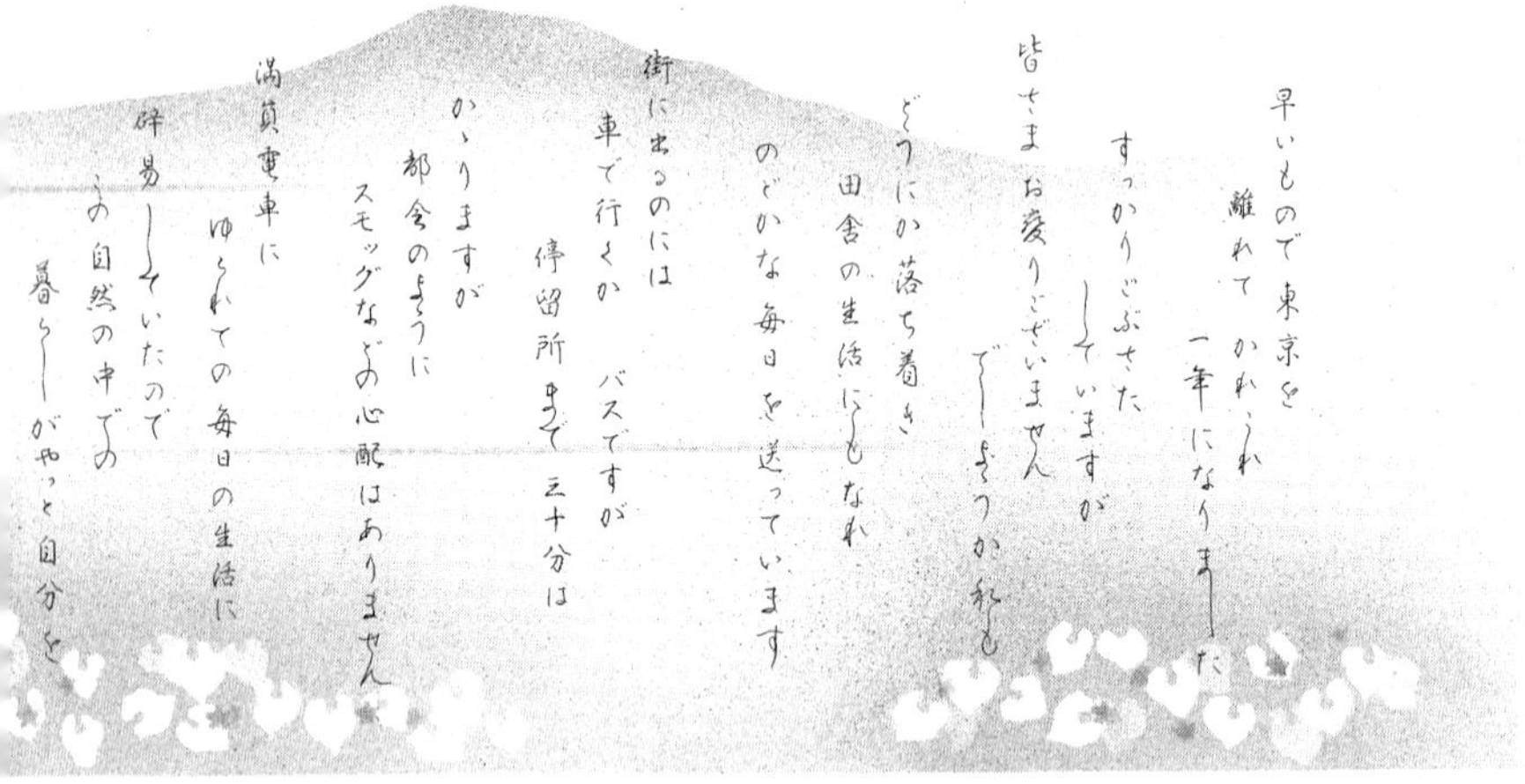

早いもので東京を
離れて かれこれ
一年になりました
すっかりごぶさた
していますが
皆さまお変りございません
でしょうか私も
どうにか落ち着き
田舎の生活にもなれ
のどかな毎日を送っています
街に出るのには
車で行くか バスですが
停留所まで 三十分は
かかりますが
都会のように
スモッグなどの心配はありません
満員電車に
ゆられての毎日の生活に
辟易していたので
この自然の中での
暮らしがやっと自分を

㊤近況を伝える（巻紙・縮尺35%）175×680
㊦田舎に誘う

関本さんからも
心配されないようにとの
お話でした
お仕事も大切ではございますが
それ以上に健康は大事で私が
申すまでもなく
風邪は万病の元ですから
どうぞ十分に
ご養生をなさって下さいませ
スポーツでお鍛えに
なられた方ですから
すぐにも職場復帰を
なされると信じておりますが
ご無理をなさいませんよう
ご平癒を切に
お祈りしつゝお見舞いまで
かしこ
鳥待月十三日
高橋幸子
大澤新治様

まるで生き還ったような
気分でおります
それにこの土地の
人々は純朴で心優しく
今迄忘れていたことを
蘇らせてくれています
いなかの春は
また一段と素敵で
若草が一面におい茂る堤の上を
歩くと
雲雀が飛び立ったり
腰をおろせば土筆や
タンポポの花が
春の日ざしを
楽しんでいると言った様子です
お暇になりましたら
一度遊びに来て下さい
ひとまず近況旁お誘いまで
草々
清和月十九日
田中すみ代
福間邦江様

永年お勤めなされた会社を辞め
ブティックを開店なされた由
本当におめでとうございます
きっとあなたのセンスが生かされた
素敵なお店でしょう
生花をお届けしますので片隅に
置いていただければ幸いです
いずれ参上しますがお祝い迄
草々
玉梓の会

開店を祝う

五月皐月《さつき》

□和風月名　△…のみぎり、…の候、で使える書き出し語
◎自然　魚　野菜などの食べもの　◇今月の行事風物

立夏《りっか》　六日ごろ　八十八夜でこの日から夏の気配が現れてくる
小満《しょうまん》　二十一日ごろ　陽気が盛んですべてが次第に成長する

□早苗月　早月　菖蒲月　雨月　橘月　月不見月　田草月　多草月　草月
△晩春　更衣　暮春　新緑　薫風　惜春　立春　芽桜　余花　軽夏　若葉
◎ばら　藤　ぼたん　つつじ　あやめ　カーネーション　スイートピー　マーガレット
くちなし　アカシヤ　しゃくやく　けし　さつき　桐の花　しゅろ
初がつを　うぐい　いさき
とんぼ　かっこう
新じゃが　さやえんどう　キャベツ　セロリ　たけのこ　柏餅　新茶
◇憲法記念日　こどもの日　東京神田明神祭　東京浅草三社祭　麦刈り　新茶つみ　鯉の
ぼり　五月人形　端午の節句　母の日　苗代　中央競馬　日本ダービー　ゴールデンウ
イーク　愛鳥週間　大相撲夏場所

五月上旬の書き出し

憲法記念日　三日　八十八夜　六日ごろ
こどもの日・端午の節句　五日

○晩春の候 皆様 お元気でいらっしゃいますか
○新緑の砌り先生にはご健勝のこととお慶び申します
○惜春の候ご清福のこととお承り何よりと存じます
○風薫る五月一番よい季節が巡って来ました
○立夏の候 若葉がやさしい日ざしに輝いています
○端午の節句でさぞお賑いのことでしょう
○卯の花の匂いに実家の垣根を思い出しました
○校門で別れた卒業の日からもう一ヶ月が過ぎました

○風に泳ぐ鯉のぼりは大空に描かれた絵のようです

○八十八夜も過ぎ　茶畑の緑も色濃くなりました

○さわやかな風に泳ぐ鯉のぼりに心が晴々します

○卯の花に夏を思う季節となりました

○ゴールデンウィークは楽しく過ごされたことでしょう

○薫風さわやかな五月新茶が待遠しいですね

○暦の上では立夏で日ざしに明るさが増しました

○吹く風も心地よく半袖姿も見られ始めました

○木々の緑がまぶしく感じられるよい季節です

五月中旬の書き出し

母の日　第二日曜日　五月《さつき》晴れとは五月の快晴

○目に青葉と申しますが　そよぐ風もすが〱しくなりました　その後如何お過ごしですか

○暑からず寒からず本当によい季節になりました

○色とりどりのカーネーションが店先に並んでいます

○バラの新芽が出始めました　その後如何ですか

○緑が美しい昨今自然の素晴らしさを実感します

○あなたの大好きな筍ご飯の美味しい季節になりました

○赤いつゝじの花がひときわ鮮やかに映えています

○余花の候 行く春が惜まれる 今日この頃です

○立夏のみぎり 狭い庭にも若葉の匂いが満ちています

○心浮き立つ麗しい季節 その後お体のご様子如何ですか

○軽夏の候 ますますご壮健の由 お悦び申します

○歩道のつつじが炎えるように咲き乱れるこの頃です

○爽快な五月晴れのもとご活躍のこととお察しいたします

○藤の花が趣深くゆれています その後お元気ですか

○目に青葉 初がつおの美味しい季節になりましたね

○蜜柑の花のかおりが 雨の滴にも感じられます

五月下旬の書き出し

○春愁のみぎり行く春が惜しまれるこの頃です

○残春のひとときをいかがお過ごしでしょうか

○暮春の候 吹く風も初夏の気配が感じられます

○五月晴れの気持ちよい日が続いております

○若葉のかおりが爽やかなこのごろです

○ばらの甘い香りがただよう季節になりました

○肌がうっすら汗ばみ初夏を思わせるこの頃です

○晴れ渡った空に心も躍る気分です

○今年も新茶が出廻る季節になりましたね
○若葉の緑が日ごと深みを増すこの頃ですが
○テニスで流す汗がさわやかな季節になりました
○春も盛りで日中はうっすら汗ばむ程です
○春雨が木々の緑を一層深くさせています
○夏を迎える準備に忙しい今日このごろです
○そろそろ田植えのころですがお変りありませんか
○日ざしに初夏を感じる頃となりました
○吹く風は早や夏めいたようにも感じられます

五月の結びの言葉

卯の花腐《くた》しとはこの時期の長雨

○惜春のみぎり益々のご発展をお祈りします

○季節の変り目どきくれぐれもお大事に

○鯉のぼりのようにお健やかにご活躍下さいね

○木の芽どきは体調を崩しやすいと申します
　どうぞ充分気をつけてお過ごし下さい

○過ごしやすい気候とは申せご無理のないように

○五月晴れの空に泳ぐ鯉のぼりに元気づけ
　られるこの頃です　お互いに頑張りましょう

○気まぐれな季節 お体には十分気をつけて下さい

○汗ばむ日があったと思うと 肌寒い日が
　訪れたりの気まぐれな天候ですが お達者でね

○空をゆく雲が白く鮮やかです 近ずく夏と
　ともにお逢いできる日を楽しみにしています

○一年中で最も快適なとき 大いに張切って
　英気を養いたいものですね ではお元気で

○庭のつつじがまっ盛りです ぜひ見に来て
　下さい 家族みんなでお待ちしております

○梅雨も間近いですから お体にご用心下さいませ

○季節の変り目こと更ご自愛専一に

○雲のたゝずまいも 夏の近さを思わせますが
どうか体調を崩されないようお祈りします

○季節柄 お体を お案じ申しあげております

○お庭には 色々な花が咲き誇っていることで
しょう どうぞお健やかにお過ごし下さい

○軽暑のみぎり 皆々様のご自愛をお祈りしつゝ

○梅雨に向うこの時期 ご健康を祈ります

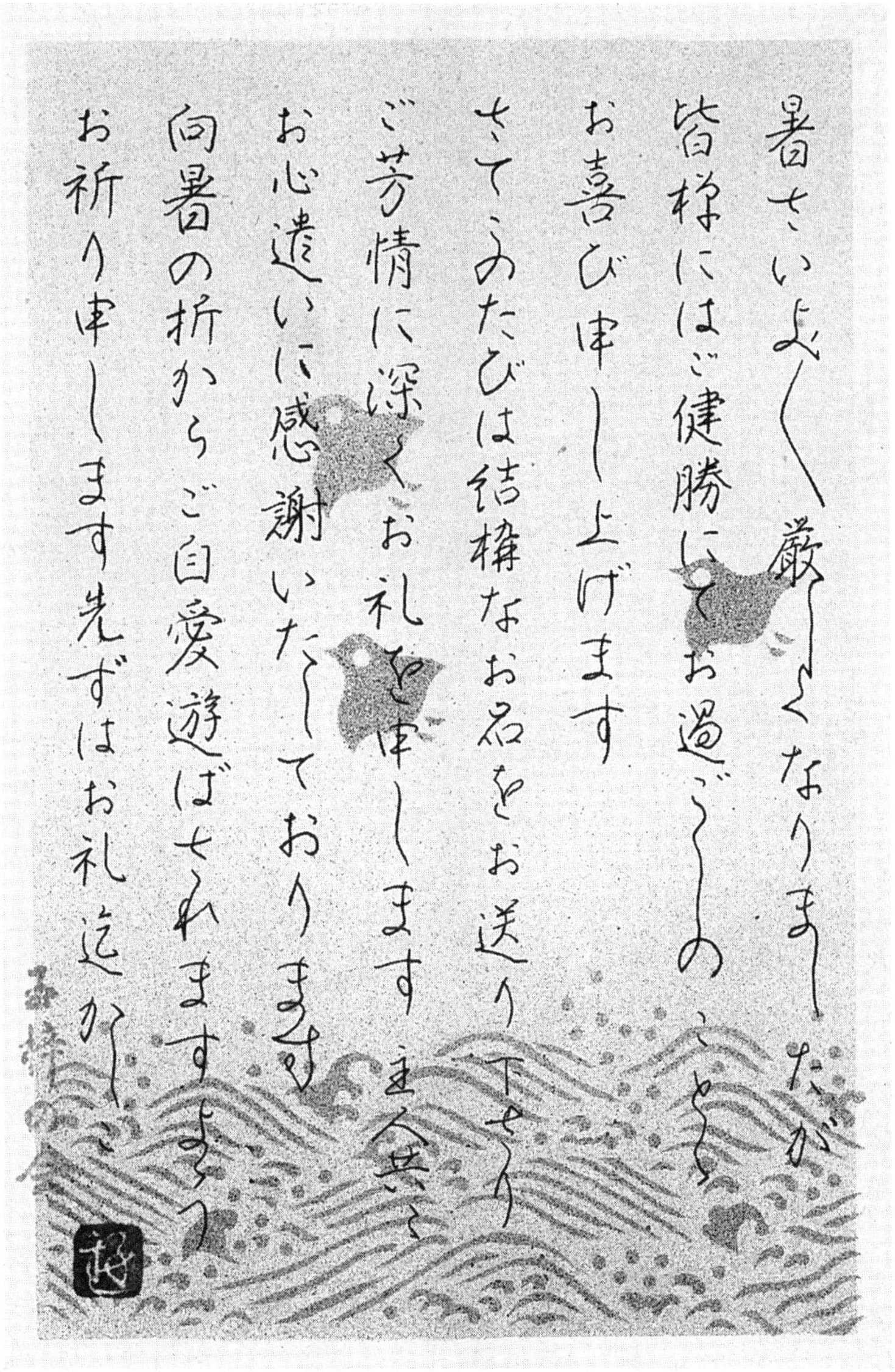
暑さいよ〱厳しくなりましたが
皆様にはご健勝にてお過ごしのことと
お喜び申し上げます
さてこのたびは結構なお品をお送り下さり
ご芳情に深くお礼を申します 主人共々
お心遣いに感謝いたしております
向暑の折からご自愛遊ばされますよう
お祈り申します 先ずはお礼迄かしこ

贈りもののお礼

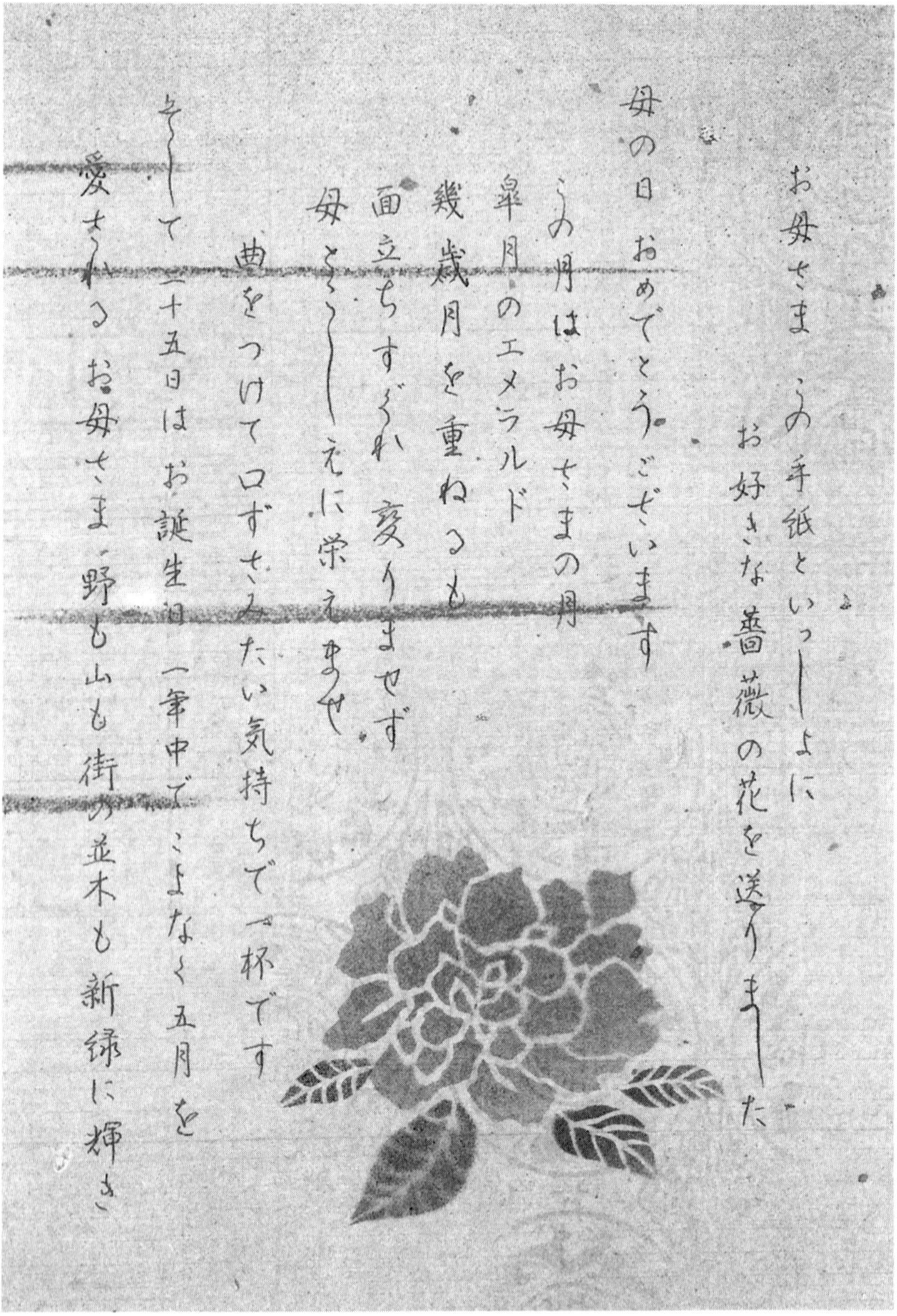
お母さま この手紙といっしょに
お好きな薔薇の花を送りました
母の日おめでとうございます
この月はお母さまの月
皐月のエメラルド
幾歳月を重ねるも
面立ちすぐれ変りませず
母とこしえに栄えませ
曲をつけて口ずさみたい気持ちで一杯です
そして二十五日はお誕生日 一年中でこよなく五月を
愛される お母さま 野も山も街の並木も新緑に輝き

母の日に送る（縮尺70%）167×243

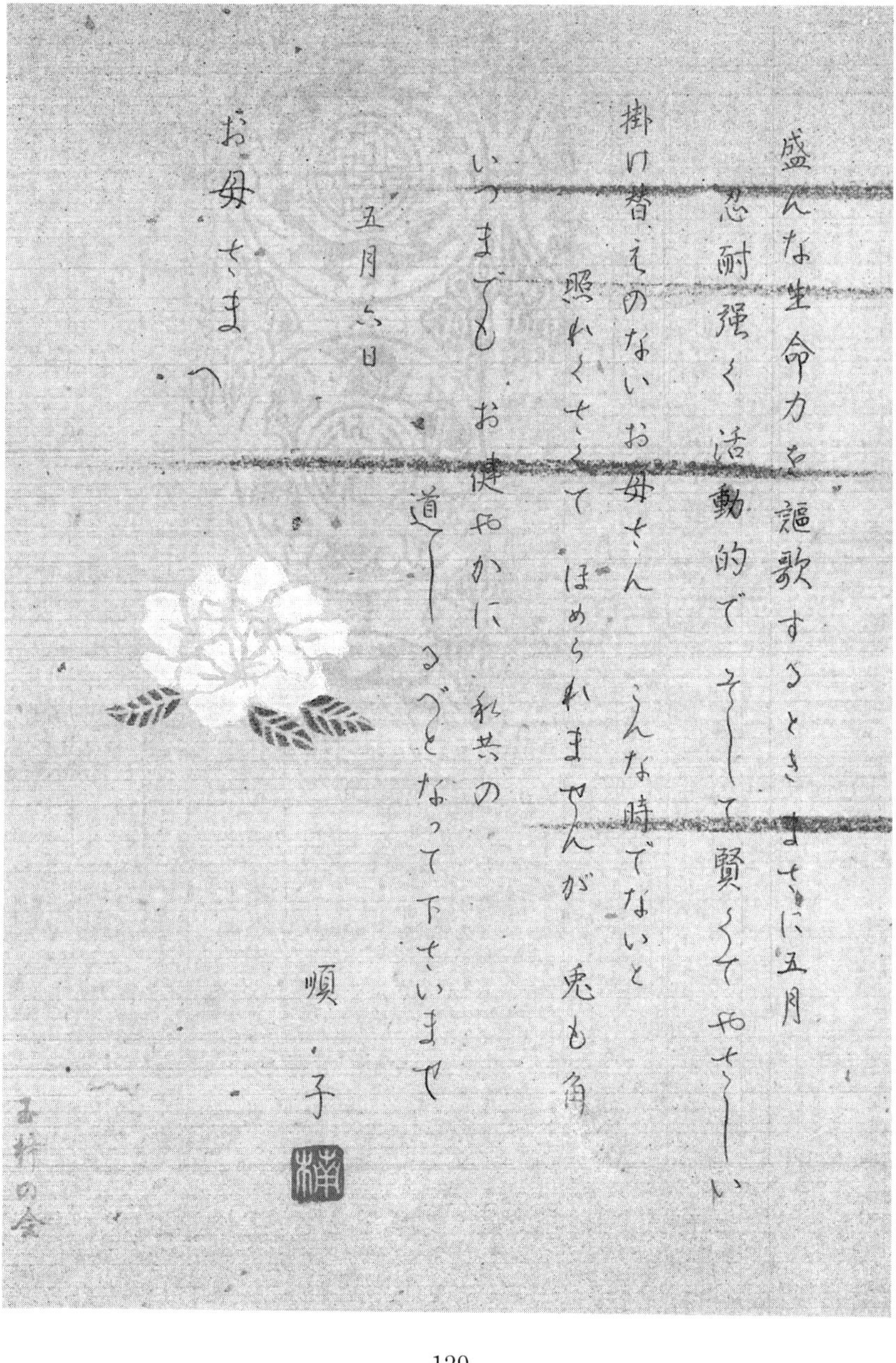
盛んな生命力を謳歌するときまさに五月
忍耐強く活動的でそして賢くてやさしい
掛け替えのないお母さん こんな時でないと
照れくさくて ほめられませんが 兎も角
いつまでも お健やかに 私共の
道しるべとなって下さいませ

五月六日

順子

お母さまへ

念願の赤ちゃん とうとう無事に
出産なさいましたね
本当におめでとうございます
ご主人や ご両親もどんなにか
お喜びのことでしょう
私までも
自分のことのように
うれしくなります
実はあなたの妊娠を
知ったとき 普段でも健康のすぐれない
あなたが厳しい気候のさなかに何事もなく
出産できるかどうかと心配していました
でもあんなに
赤ちゃんをほしがっていた あなた達を考えて どうか

出産を祝う（縮尺70%）167×243

安産をとお祈りしていましたが
ほんとうによかったと思っています
産後は丈夫な方でも無理はできないのですから
ご主人にたっぷり甘えて
ゆっくりご養生なさいませ
元気な二人にお目にかかる日を楽しみにしつつ
くれぐれもお大事にね
可祝

五月五日

良恵

順子さま

追って 別便で心ばかりのお祝いのものを送りました

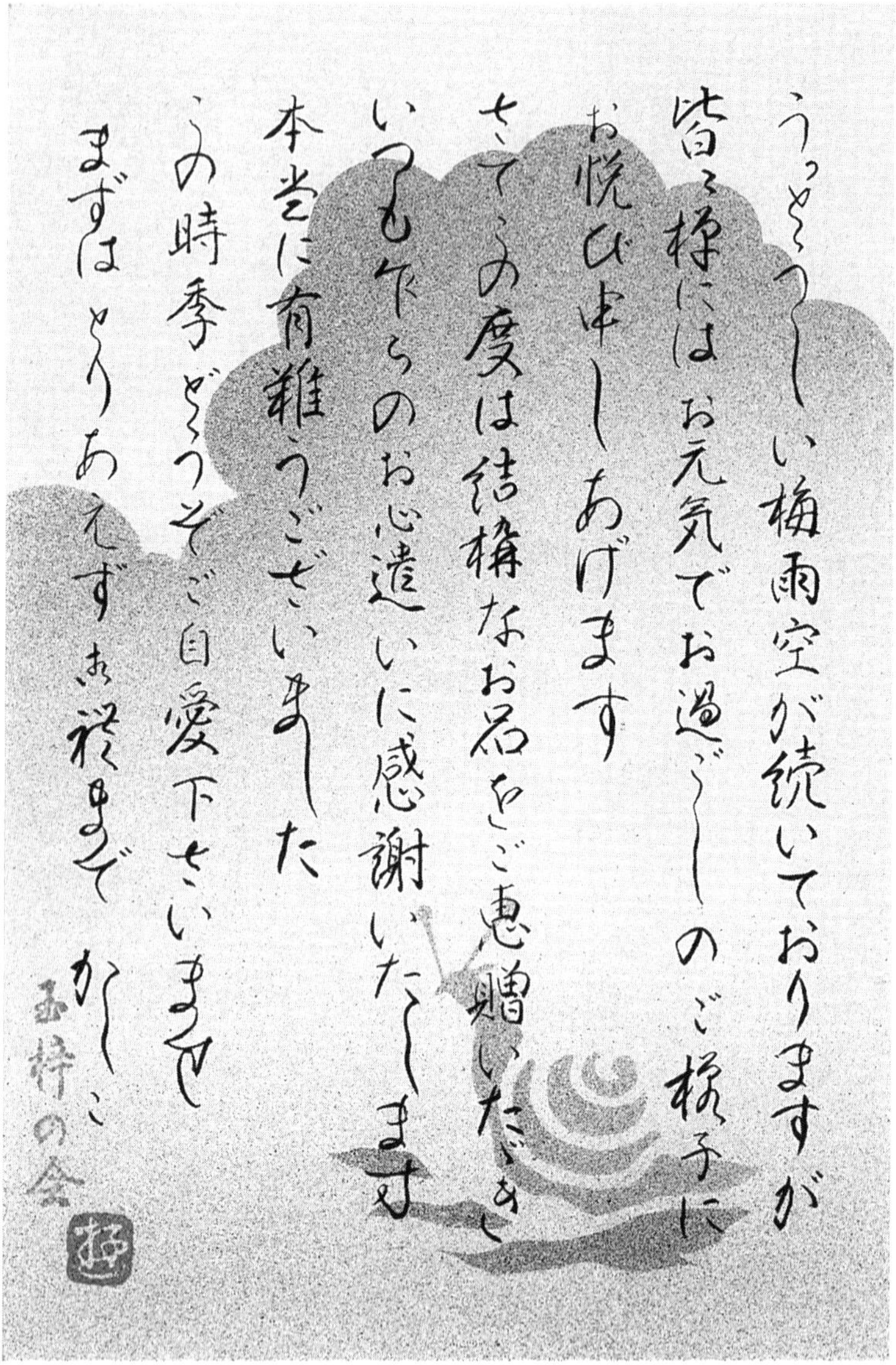
うっとうしい梅雨空が続いておりますが
皆々様にはお元気でお過ごしのご様子に
お悦び申しあげます
さてこの度は結構なお品をご恵贈いただき
いつもながらのお心遣いに感謝いたします
本当に有難うございました
この時季どうぞご自愛下さいませ
まずはとりあえずお礼まで
かしこ
玉梓の会

贈りもののお礼

六月水無月《みなづき》

□和風月名　△…のみぎり、…の候、で使える書き出し語
◎自然　魚　野菜などの食べもの　◇今月の行事風物

芒種《ぼうしゅ》　六日ごろ　芒のある穀物即ち麦や稲の種まきをする
夏至《げし》　二十一日ごろ　一年中で昼が最も長く夜が短かい日

□風待月　葵月　常夏月　松風月　鳴神月　蟬羽月　涼暮月　季月　鳴雷月
△首夏　梅雨　入梅　長雨　小夏　初夏　麦秋　青葉　霖雨　梅雨寒　五月雨
◎あじさい　さるすべり　くちなし　しゃくなげ　アマリリス　サルビア　あやめ
ほたる　ほととぎす　せみ　ひぐらし　つばめ　かたつむり　かえる　みずすまし　あ
めんぼう　ぶっぽうそう
鮎　いわな　やまめ　とびうお　きす　あじ
きゅうり　夏大根　らっきょう　枝豆　びわ　さくらんぼ
◇衣替え　計量記念日　時の記念日　父の日　金沢百万石祭り　大阪住吉神社祭り　桜桃
忌　鮎解禁　梅やらっきょうを漬ける　梅酒　山開き　海開き　プール開き　かびの季
節　屋上ビアガーデン

六月上旬の書き出し

鮎解禁　一日
時の記念日　十日

○初夏の候　皆様にはお変りございませんか
○今年も衣替えの季節になりました
○初夏のみぎり街行く人々の半袖姿が目立ちます
○今年も麦のとり入れの季節になりました
○梅雨の時節を迎えましたがお元気ですか
○紫陽花の美しい季節になりました
○今年はから梅雨を思わせるような天候ですが
○くちなしの香りに心和らぐこのごろです

○燕が飛び交い夏の間近いことを知らせてくれて
いるようですがその後永らくご無沙汰しました

○うっとうしい梅雨がもう間もなくやって参ります

○美味しそうなさくらんぼが出始めましたが

○清流に若鮎の踊る頃となりました

○くちなしの甘い香りが漂う頃となりました

○初夏の風が緑の木々の間をさわやかに吹き抜ける
昨今ですが皆様恙なくお暮らしとなじます

○暑気日ごとに増す今日この頃お元気でしょうか

六月中旬の書き出し

父の日　第三日曜日

○紫陽花が雨に濡れてひときわ鮮やかに咲き競うこの時期　お体の調子如何ですか

○梅雨の中休みのようで今日は久々のよい日和です

○長雨が続き肌寒い毎日ですが　お元気でしょうか

○今年はから梅雨の様子　いかがお過ごしですか

○前線が停滞中とかで　梅雨が長引きそうです

○梅雨の晴れ間の強い日ざしはもう真夏です

○湿っぽい毎日せめて気持ちはカラッとしたいですね

○雨によく似合う 菖蒲の花が咲き始めました

○思わぬ梅雨寒ですが お元気でいらっしゃいますか

○うっとおしい長雨が続いていますがお変りありませんか

○雨もようやくあがって さわやかな朝を迎えました

○時折のぞく日差しの 強さに初夏を感じます

○空梅雨に木々の緑 ばかりが色濃い昨今です

○花菖蒲の青や紫が目にしみるようです

○梅雨が明けたあとの計画はもうお決まりですか

○から梅雨との予報で 水不足が心配なこの頃です

六月下旬の書き出し

梅雨《つゆ》は季節をさし　雨そのものは五月雨《さみだれ》と言う

○梅雨の中休みでよく晴れ　もう夏の気配です

○麦秋の黄金色が目に快い季節です

○まだ六月だというのに近年にない暑さの昨今です

○プール開きに子供らは大変な張切りようです

○長雨の候文字どおり雨また雨に滅入っています

○梅雨明けも間近いよく海や山のシーズンですね

○あじさいの美しい紫がとても素敵です

○梅雨の晴れ間に燕が忙しそうに飛んでいます

○今年もはや半年が過ぎようとしていますが
月日の流れの早さに驚いている今日この頃です
○軒下に早くも燕が巣づくりを始めたようです
○初夏の日差しに花の露がきらめくのを見ると
四季のあることがすばらしいと思います
○いよいよ短夜を迎え夏本番になりました
○初蝉の声が聞かれるようになりました
○梅雨の晴れ間の青空に心も明るくなります
○待ち遠しかった梅雨明けも間近いようです

六月の結びの言葉

梅雨の期間は六月十一日から七月十日の約一ヶ月

○梅雨の晴れ間の明るい夏空を期待して
皆様のご健康をお祈り申し上げます

○雨の日の外出も一興 ぜひ お出かけ下さいませ

○うっとうしい毎日ですが 心まで湿らせないで
元気を出して爽やかに過ごしましょう

○長雨続きの昨今 特にお体に気をつけて下さい

○梅雨のあいまの青空はもう夏です どうぞ
暑さに負けない体力を養っておきましょう

○この時期　お風邪などにお気を付け下さいませ

○梅雨明けを心待ちする日々ですが　どうぞ

　ご機嫌よろしくお過ごし下さいますように

○思いがけない青葉嵐に　お庭の様子を気にしながら

○雨の日のつれづれなどに　お慰めを兼ねて

　近いうちに一度お尋ねしたいと思っています

○今は雨の多いときですが　どうかお達者で

○こちらではいよいよ田植が始まりました

○この時期食中毒には充分ご注意下さい

○うっとうしい梅雨寒の日々 ご用心下さいませ

○梅雨時のことですから ご自愛を祈ります

○一年中で健康には最もよくない時ですから
くれぐれも お体には気を付けて下さい

○こちらは野も山も見渡すかぎり夏一色です

○うっとうしい梅雨空を持ち前のファイトで乗り切りましょう

○もう少しの辛抱で夏です 頑張って下さい

○どうやら梅雨あけもまじか お暇を見つけて
おいで下さい もう蛍が飛び始めましたよ

梅雨見舞

特に決まりはありませんがご無沙汰しがちな方に気遣いを添えて出したいものです

○梅雨どきのお見舞いを申し上げます
ご一同様のご健康をお祈りいたします

○梅雨寒のお伺いを申します
思わぬ寒さ風邪には特に気を付けて下さい

○入梅どきのご安否をお伺いします
少々気が滅入りますがお元気でお過ごし下さい

○梅雨どきのお伺いを申します
退屈しのぎにぜひお出掛け下さい

○長雨どきのお伺いを申しあげます
ともすれば体調もくずしやすい折ですが
どうぞお気をつけてお過ごし下さいませ

○梅雨時のご安否をお尋ねします
この時期特にご無理をなさいませぬように

○霖雨どきのお見舞いを申します
気が滅入りそうですがどうぞお元気で

○五月雨どきのお伺いを申し上げます
待ち遠しい梅雨明けはもうすぐです

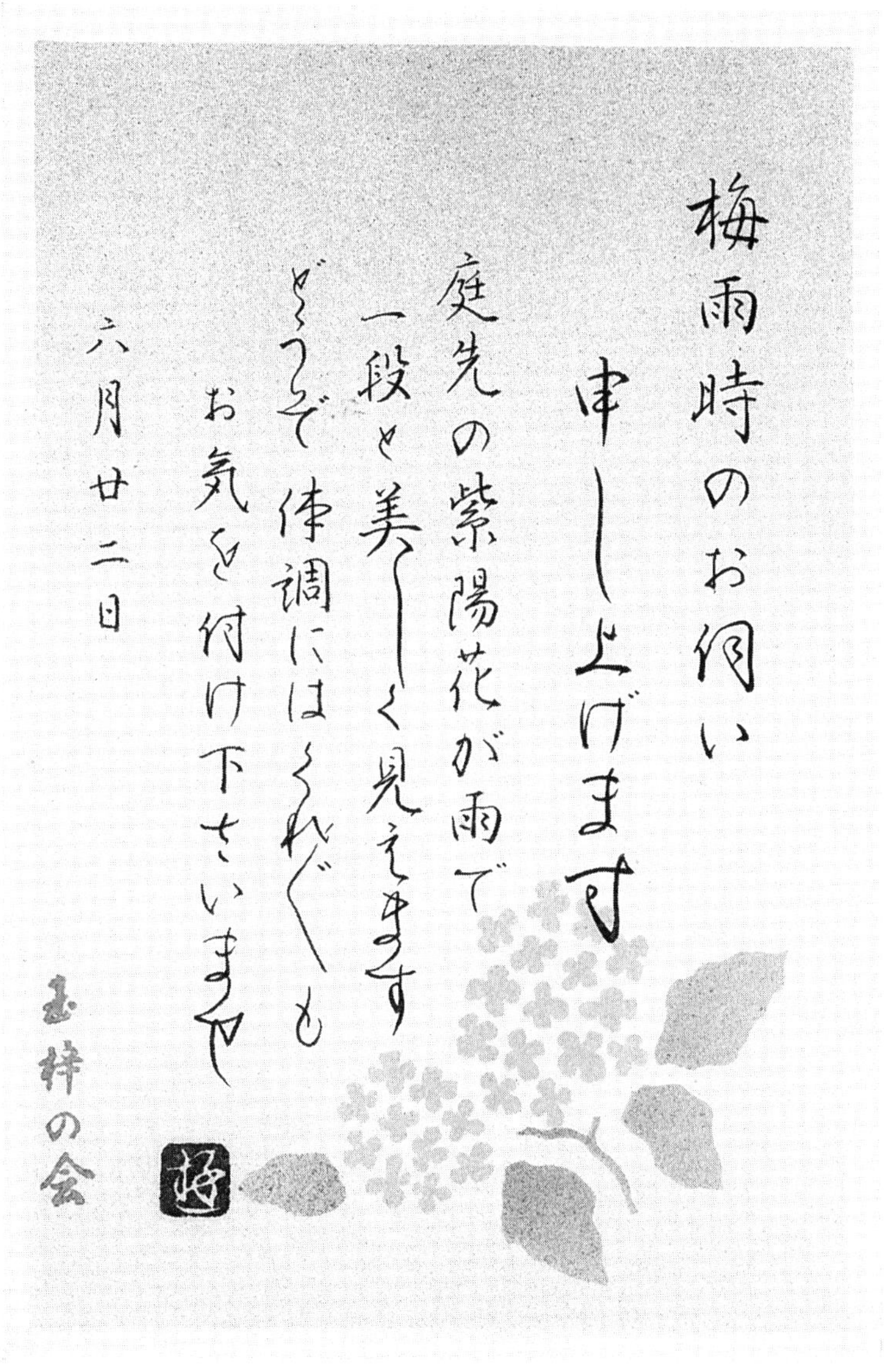
梅雨時のお伺い
申し上げます
庭先の紫陽花が雨で
一段と美しく見えます
どうぞ体調にはくれぐれも
お気を付け下さいませ
六月廿二日
玉梓の会

梅　雨　見　舞

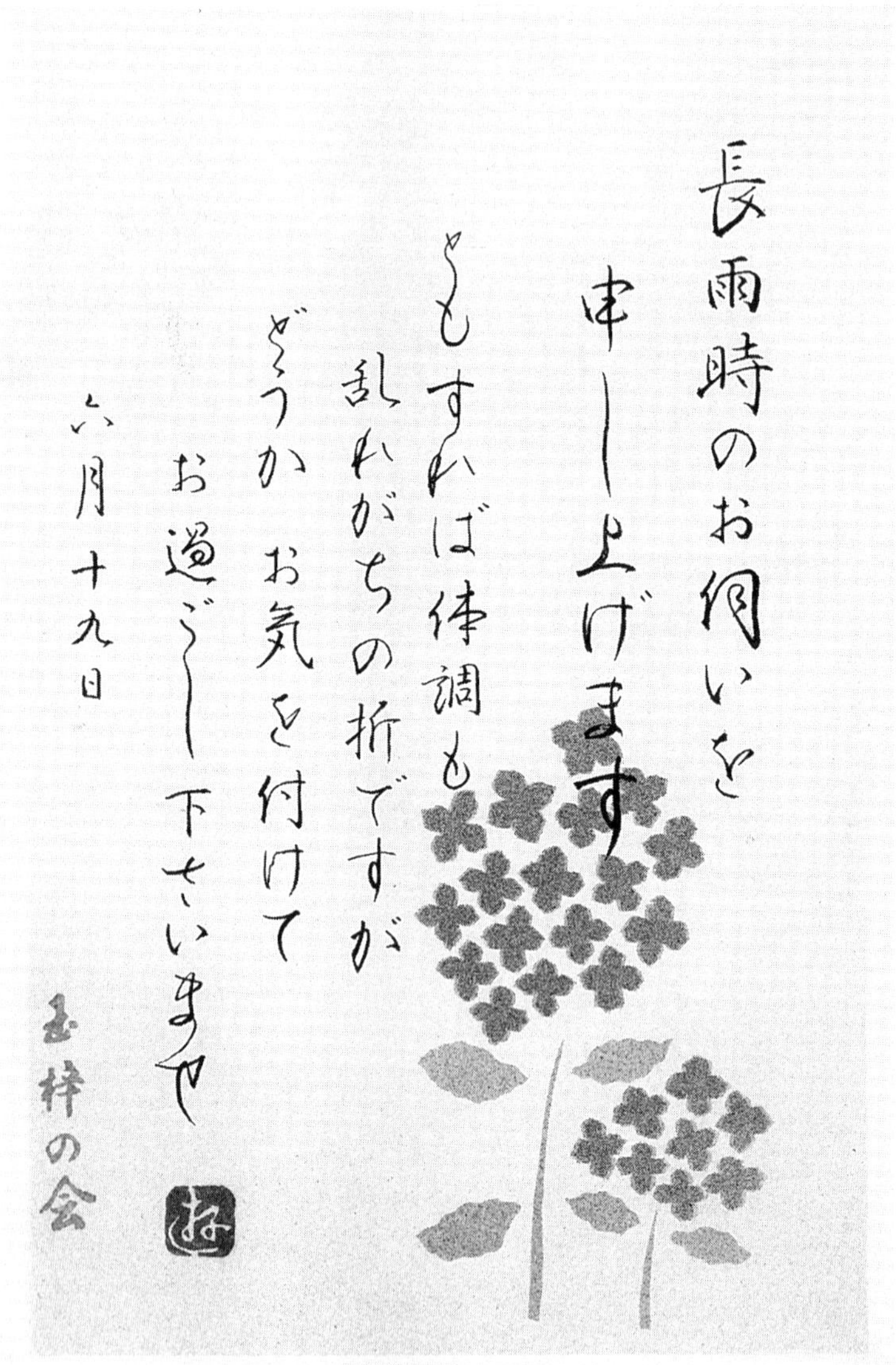
長雨時のお伺いを
申し上げます
ともすれば体調も
乱れがちの折ですが
どうかお気を付けて
お過ごし下さいませ
六月十九日
玉梓の会

梅雨見舞

七月文月《ふみづき》

□和風月名　△…のみぎり、…の候、で使える書き出し語
◎自然　魚　野菜などの食べもの　◇今月の行事風物

小暑《しょうしょ》　七日ごろ　夏至のあとの十五日目でこの日から暑気
大暑《だいしょ》　二十三日ごろ　一年中で最も暑い日となり大寒から半年目

□七夜月　七夕月　親月　女郎花月　蘭月　常夏月　桐月　瓜月　涼月　相月
△炎暑　猛暑　大暑　盛夏　白映　酷暑　極暑　向暑　仲夏　三伏　梅雨明け
◎きょうちくとう　月見草　なでしこ　はまなす　おじぎ草　すいれん　カンナ　ダリヤ
夏菊　はまゆう　夕顔　百日草　朝顔　グラジオラス　松葉牡丹
油蟬　かぶと虫　ひぐらし　金魚
どじょう　かわはぎ　ひらまさ　うなぎ　あわび
なす　枝豆　きゅうり　トマト　水蜜桃　メロン　バナナ　ところてん　西瓜　プラム
夏みかん　とうもろこし
◇国民安全の日　七夕祭り　盂蘭盆　京都祇園祭　海の記念日　土用丑の日　大阪天満天
神祭　お中元　夏休み　大相撲夏場所　オールスター戦　ほおずき市　夏山シーズン

七月上旬の書き出し

七夕　七日

ほおずき市　九日

○盛夏の候 皆様 お元気でいらっしゃいますか
○にわかに日ざしも強くなって参りましたが
○炎暑のみぎりいかがお凌ぎでしょうか
○梅雨明けと共に息つく間もなく暑くなりました
○ほうずき市での浴衣姿もいいものですね
○夏は始まったばかりなのにこの暑さになりました
○家々に七夕飾りが揺れる頃となりました
○いよいよ夏空のまぶしい季節の到来です

○長かった梅雨もやっと明けたようです

○浴衣の新柄も店先に出揃いましたね

○夜空の天の川の美しい季節が訪れましたが

○夏の朝は目覚めも早く曙光を浴びることの頃です

○雲の峰がひときわ高く立つころとなりました

○夏休みも間近ですが　お子達は元気ですか

○風鈴の音にひきつけられるころがやって来ました

○青空に入道雲が湧き夕立に見舞われる季節です

○夏の日ざしから逃がれて木陰が恋しい昨今です

七月中旬の書き出し

○七夕の短冊に今年は何をお願いされましたか

○浅草のほおずき市で江戸情緒を見つけました

○打ち水に涼しさ一入《ひとしお》まさる夏の夕べです

○金魚売りの声はもうすっかり昔のことで　初孫が
　今日デパートで熱帯魚を買って参りました

○近年にない涼しさで少し物足りない感じです

○ひまわりやグラジオラス　夏の花は元気がいゝですね

○暑さきびしい折お変りございませんか

○蝉の声も賑わしい季節になりました

○冷えたビールがひときわ美味しいこの頃です

○朝顔が色とりどりに咲き競っています

○西瓜の美味しさは矢張り夏ですね

○暑さの続く毎日ですが頑張っていますか

○蒸し風呂のような暑さに閉口している昨今です

○雨の多い夏で子供らはがっかりしています

○田舎の夏祭りの露店が懐かしいこの頃です

○このところ毎日のように熱帯夜が続いています

七月下旬の書き出し

暑中とは夏の土用の十八日間で二十一日ごろから
立秋（八月八日ごろ）の前日まで

○草木も暑さにぐったりしているようです
○故郷の夏祭りが思い出されるこの頃です
○三伏の暑さと申しますが皆様お達者ですか
○土用に入り暑さますます厳しくなりました
○近頃では夕方の涼しさを待ちわびております
○花火大会を楽しむ頃になりました
○連日の猛暑ですがお健やかに過ごされていますか
○今日はからずも街路樹で蟬を見付けました

○今年の暑さは格別で雨が恋しくなります

○土用に入り暑さも一段と厳しくなって参りました

○蟬時雨の中で時折吹く風にほっとしています

○海や山の賑わいが話題になるこの頃です

○桔梗の花が美しく咲き始めました

○小学校のプールから子供達の歓声が聞えて来ます

○例年にない暑さとかお変りございませんか

○冴えわたる夜空に天の川が美しく流れています

○かすかな風に風鈴の音が涼しさを呼んでくれます

七月の結びの言葉

○夏の到来と共に気持ちは海に飛んでいますが
　どうぞこの暑さに負けないで下さい
○厳しい暑さにめげず　お元気で
○暑さの折から　ご自愛の程をお祈りします
○炎天に体を鍛えて楽しい夏にして下さいね
○暑さの中でのお仕事ご苦労さまでございます
　どうかお疲れが出ませぬようお祈ります
○それにしても、この暑さ　お大事になさいませ

○こちらでは五六度は低いようですから
　避暑がてらに是非ご来遊下さい
○夏バテなさらず　お元気で頑張ってね
○例年にない異常気候に　どうぞご用心下さい
○この暑さにめげず　頑張られることを　祈っています
○いつもの元気で　この夏を無事にやり抜いて下さい
○暑熱　耐えがたい昨今　ご自愛のほどを
○夏風邪は治りにくいと申しますから
　くれぐれも　お気を付け下さいませ

○今年は近年にない暑さだとか ご一同様の

恙ないことを 心よりお祈りしています

○寝冷えで夏風邪を引かれませぬように

○暑さ厳しき折 皆様のご健康を祈ります

○夏休みのご計画にお子達も大喜びでしょう

○暑さに負けないご活躍をお祈りしています

○海に山に楽しい思い出を一杯つくられて

この夏を元気にお過ごし下さいね

○天候不順の折 ご自愛のほどをお祈りしています

暑中見舞

暑中の七月二十一日ごろから立秋（八月八日ごろ）の前日まで

○暑中のお見舞いを申し上げます

くれぐれもご自愛のほどをお祈りします

○炎暑のお伺いを申し上げます

ご一同様のご健康を念じております

○大暑のご安否をお伺いします

どうぞお元気でお過ごし下さいませ

○盛夏のお見舞いを申します

あわせて平素のご無沙汰をお詫びします

○猛暑のお見舞いを申し上げます
息つく暇もないような暑さですが
皆様くれぐれもお大事になさいませ
○白映のみぎりお見舞い申します
よい夏の思い出になりますように
○暑中のお伺いを申します
何卒ご自愛専一にお過ごし下さい
○三伏のご安否をお伺いします
どうぞお体大切にとお祈り申し上げます

○向暑のお伺いを申しあげます
皆様にはお変りございませんでしょうか
○暑中お見舞い申します
山好きのご家族さまでどうか素敵な
夏をお楽しみなさいますように
○梅雨明けのご安否をお伺いします
猛暑が続いていますがお障りございませんように
○大暑のお伺いを申します
恙ないお暮らしを念じつつ

○盛夏のお見舞いを申し上げます
どうかお障りのないことをお祈りしています
○向暑のお伺いを申します
夏負けなさらず お元気でお過ごし下さい
○暑中のご安否をお伺い申します
お見舞いに別便で梅干しをお送りしました
ご家族の皆様でお召し上がり下さいませ
○極暑のお伺いを申し上げます
この夏 ご健勝にてのお暮らしを祈りつゝ

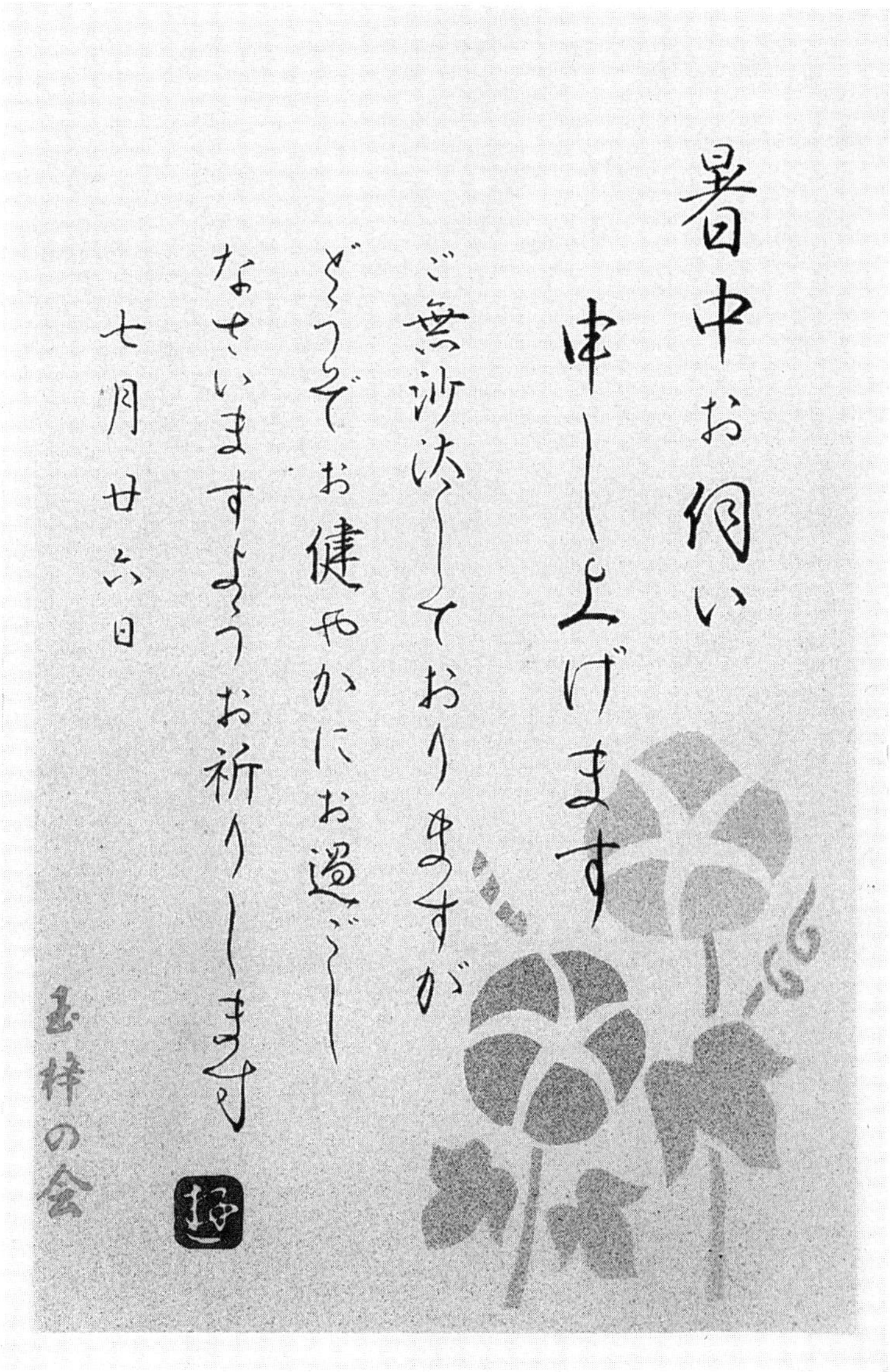
暑中お伺い
申し上げます
ご無沙汰しておりますが
どうぞお健やかにお過ごし
なさいますようお祈りします
七月廿六日
玉梓の会

暑　中　見　舞

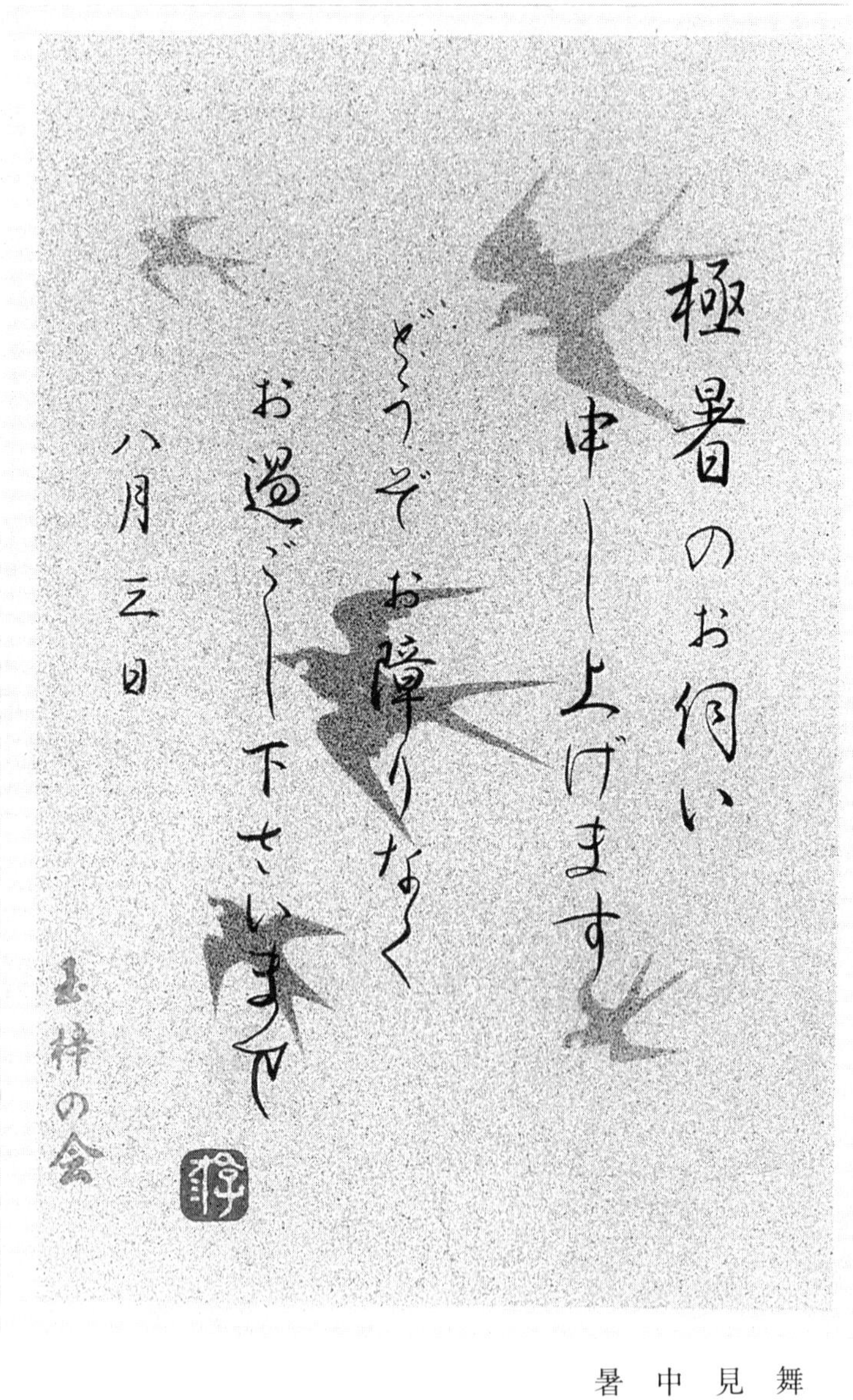
極暑のお伺い
申し上げます
どうぞお障りなく
お過ごし下さいませ
八月三日
玉梓の会

暑　中　見　舞

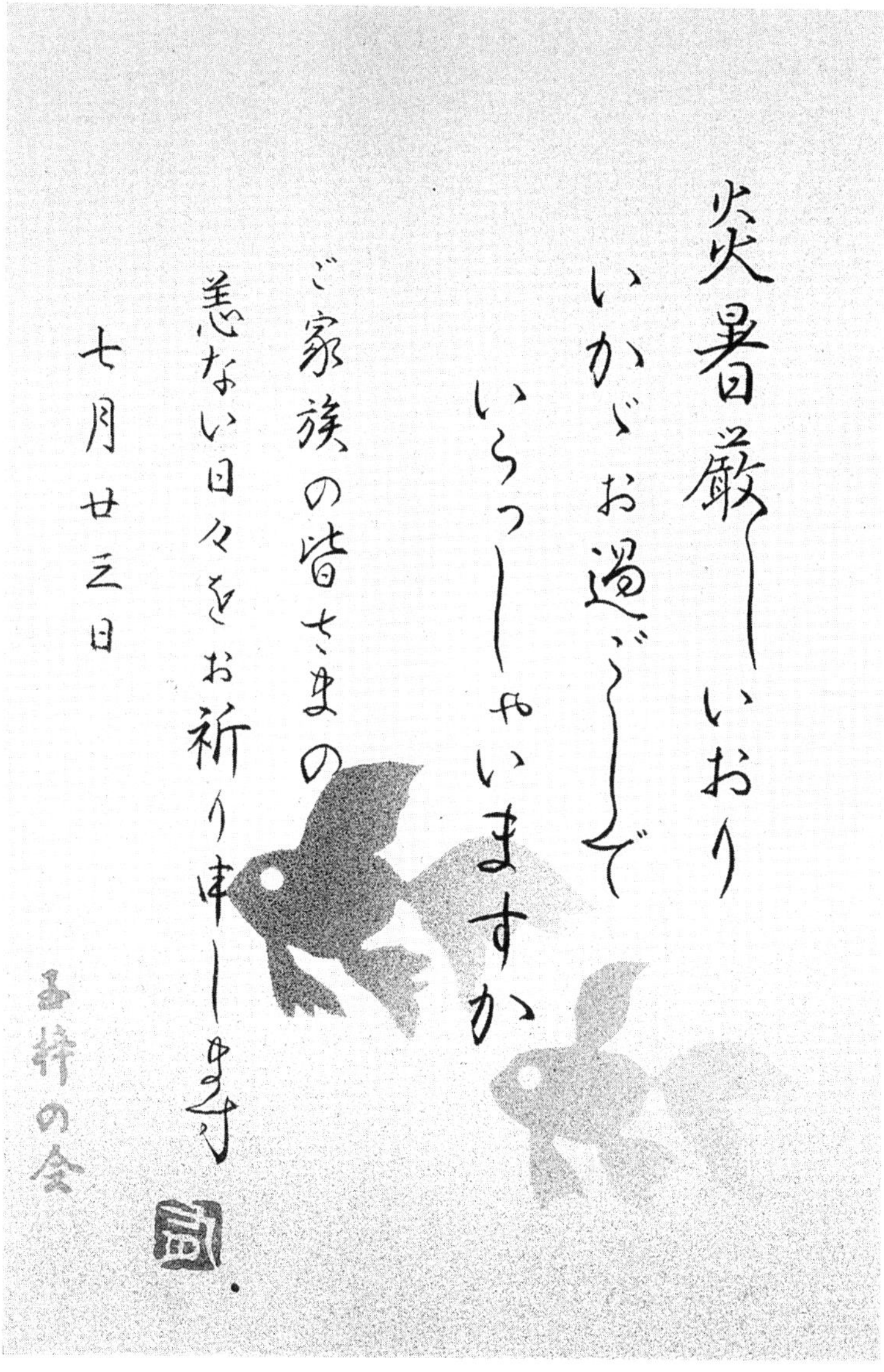

炎暑厳しいおり
いかがお過ごしで
いらっしゃいますか
ご家族の皆さまの
恙ない日々をお祈り申します

七月廿三日

玉梓の会

暑 中 見 舞

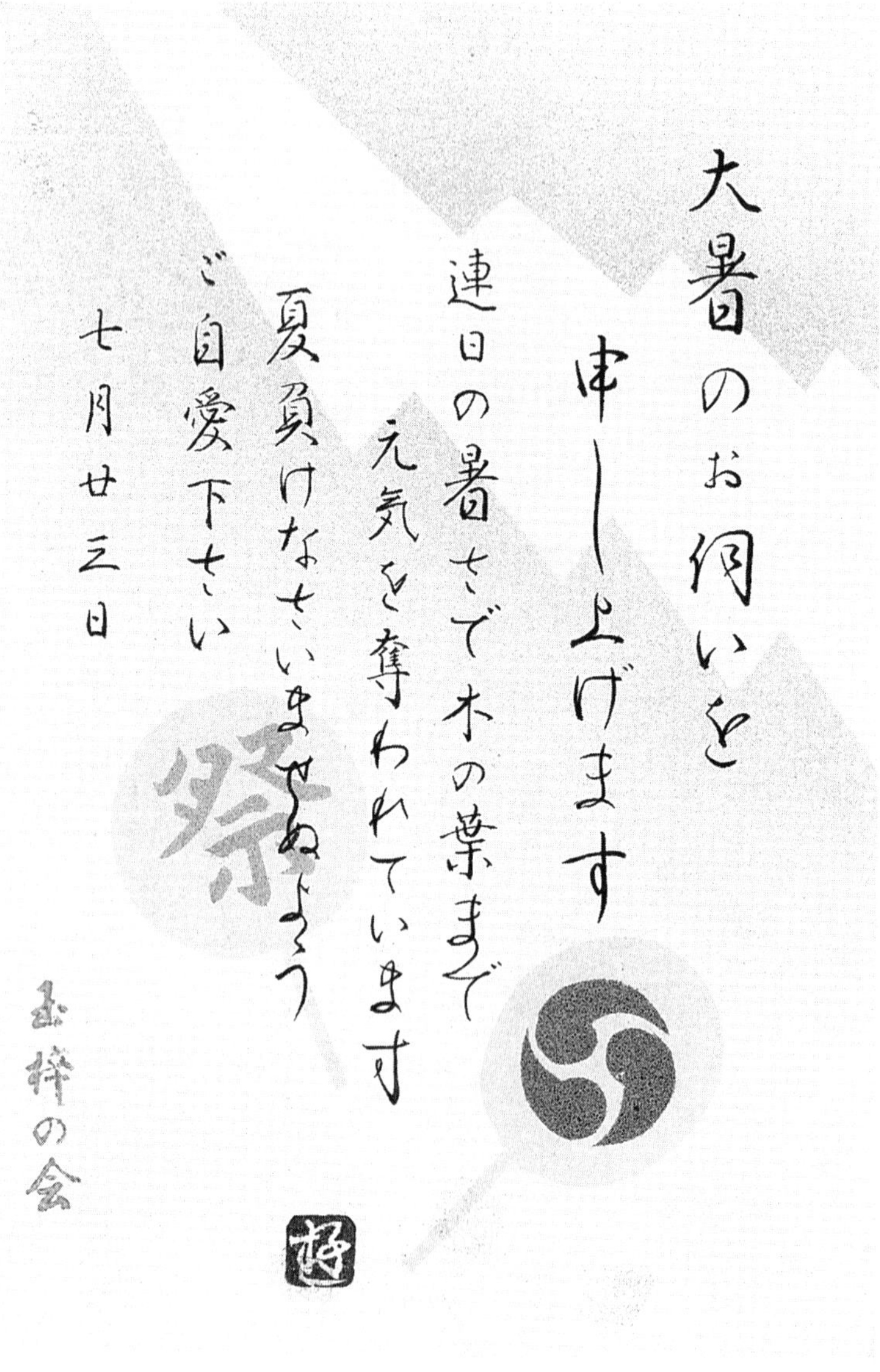
大暑のお伺いを
申し上げます
連日の暑さで木の葉まで
元気を奪われています
夏負けなさいませぬよう
ご自愛下さい
七月廿三日
玉梓の会

暑中見舞

八月葉月《はづき》

□和風月名　△…のみぎり、…の候、で使える書き出し語
◎自然　魚　野菜などの食べもの　◇今月の行事風物

立秋《りっしゅう》　八日ごろ　暦の上ではこの日から秋となるが暑さは厳しい
処暑《しょしょ》　二十三日ごろ　暑さもこの頃になると下り坂になる

□月見月　秋風月　萩月　雁来月　木染月　燕去月　桂月　葉落月　紅染月
△残暑　季夏　晩夏　早涼　立秋　秋暑　残炎　避暑　納涼　新涼
◎朝顔　さるすべり　むくげ　おしろい花　ひまわり　ふよう　ほうせんか　カンナ
ひぐらし　赤とんぼ　こおろぎ　松虫　鈴虫　蛍　いそぎんちゃく　やどかり
すずき　いわし　たちうお　しばえび
南瓜　ばれいしょ　いんげん豆　トマト　西瓜　とうもろこし　ぶどう　メロン
◇青森ねぶた　秋田竿灯　仙台七夕　徳島阿波踊り　終戦記念日　全国戦没者追悼式　京都大文字焼き　旧盆の帰省　昆虫や植物採集　臨海林間学校　花火大会　夏の全国野球大会　盆踊り大会　宿題

八月上旬の書き出し

立秋　八日ごろ

○残炎のころとなりましたがいかがですか
○晩夏のみぎりお元気にお過ごしと存じます
○立秋とは申せ暑さ一向に衰える気配もありませんがご健勝の由お慶び申します
○土用明けの暑さは一段と厳しゅうございます
○暦の上では秋とは申しますがお元気ですか
○じりじりとした暑さにぐったりしていませんか
○立秋とはいえまだまだ暑さは続くようです

○残暑厳しい折　皆様いかがお暮らしですか

○今が峠のこの猛暑をひたすら耐える毎日です

○高原の涼しさをお届けしたいのですが

○この暑さどのように　お凌ぎでしょうか

○じっと我慢の暑さですが　頑張っていらっしゃいますか

○海や山に子供らは　天国と言った感じの毎日です

○秋立つとは言えこの暑さ　如何お過ごしですか

○残暑に吹き出る汗のいとわしい毎日でございます

○連日熱帯夜のこの頃ですが　皆様いかがですか

八月中旬の書き出し

盂蘭盆　十五日

○炎暑厳しい折　皆様つゝがなくお暮らしですか
○熱帯夜の寝不足が少ゝ堪《こた》える昨今です
○夏祭りの思い出を懐かしむ頃になりました
○盆踊りの季節　今年もきっと賑やかでしょう
○打ち水でしばしの涼を得る夕方です
○夏休みもあとわずか　宿題はもう済みましたか
○ようやく夏の盛りも過ぎたようですね
○お盆休みで街中は嘘のように閑散としています

○お中元の時期にはいつも気にかけて下さり
恐縮しております ご壮健でお暮らしの
ご様子なによりとお悦び申します

○夜空に銀河が光る頃となりました

○夕立ちを待ち望む毎日ですがお変りありませんか

○夜になると庭での花火をせがまれるこの頃です

○今日のこの暑さとひたすら夕立ちが待たれます

○夜風はすでに秋を感じさせてくれていますが
皆様にはその後いかがなさっていますか

八月下旬の書き出し

○花も萎れるような暑さ続きのこの頃です

○夏の疲れが出やすい時期ですが お元気ですか

○賑わった海にももう土用波が出ているそうですが
暑さの方はまだ引きそうもないようです

○ひと頃に較べますと いく分か凌ぎよい昨今です

○暑さはもう峠を越えたようですが日中の
冷房はまだ手離せないこの頃でございます

○夏の暑さもあと暫く 秋がそこまで来ています

○楽しかった夏もそろそろ終りに近づきました

○夕風の涼しさにほっとしている処です

○夜風はすでに秋を思わせるこの頃ですが

ご家族の皆様お変りございませんでしょうか

○虫の声に早くも秋を感じるこの頃です

○朝夕の風の音になんとなく秋を感じます

○なんとなく秋の気配がしのび寄る昨今です

○朝夕はいくらか凌ぎやすくなったようです

○店先ですすきを見かけました　もう秋ですね

八月の結びの言葉

○土用明けの暑さは殊の外ですがどうか
　ご壮健にてお過ごしの程をお祈りします

○厳しい残暑の折お体をいとわれますように

○殊のほかの暑さどうかお元気でお暮らし下さい

○残炎の折ご健康には特にお気をつけ下さい

○土用明けは格別な暑さですからどうぞ
　ご用心なされてのご無事をお祈りします

○暑さが少しでも和らぎますようにと祈りつゝ

○残暑厳しい折 お体をおいとい下さいませ

○ひぐらしが夏を惜しむように鳴いています
秋には一度ゆっくりお会いしましょう

○夕涼みは本当の幸せを感じさせてくれます
くれぐれもご健康をお祈りしています

○夕風の涼しさに暫くはほっとしていましたが
風に誘われてこのお便りを認めました

○夕風に夏のなごりを惜しみつつ

○夏の疲れが出る頃です ご健康にはご留意のほどを

○気候の変り目どうぞ 健康にお気遣い下さい

○もう少しの辛抱で秋です ご機嫌よう

○厳しい暑さもあとわずかです お元気で

○朝夕の涼しさに寝冷えなどなさいませんように

○涼しい秋の足音を 肌に感じつつ

○暑さも今暫くです ご自愛の程を

○夏休みも終りますね 新学期も頑張って下さい

○二百十日も間近です ご無事を祈っております

○もう空は秋の色です 実り多いことを祈ります

残暑見舞

立秋（八月八日ごろ）以後暑さの続くまで

○残暑のお見舞いを申し上げます

当分はこの暑さが続くようです　お大事に

○立秋のお伺いを申します

いかがお過ごしですか　お案じ申しています

○秋暑のお見舞いを申します

立秋とは名ばかりで引続きご用心下さいませ

○季夏のご安否をお伺い申します

暑さはまだ続きそうですから　お体を大切に

○残炎のお伺いを申しあげます
ご無沙汰していますが皆様お変りありませんか
○立秋のお見舞いを申し上げます
厳しい暑さはここ暫くは残りますので
ご油断なくご自愛をお祈りします
○残暑のご安否をお伺い申します
ご機嫌いかがですかどうぞお身お大切に
○晩夏のお見舞いを申します
どうぞ お体を おいとい下さいますように

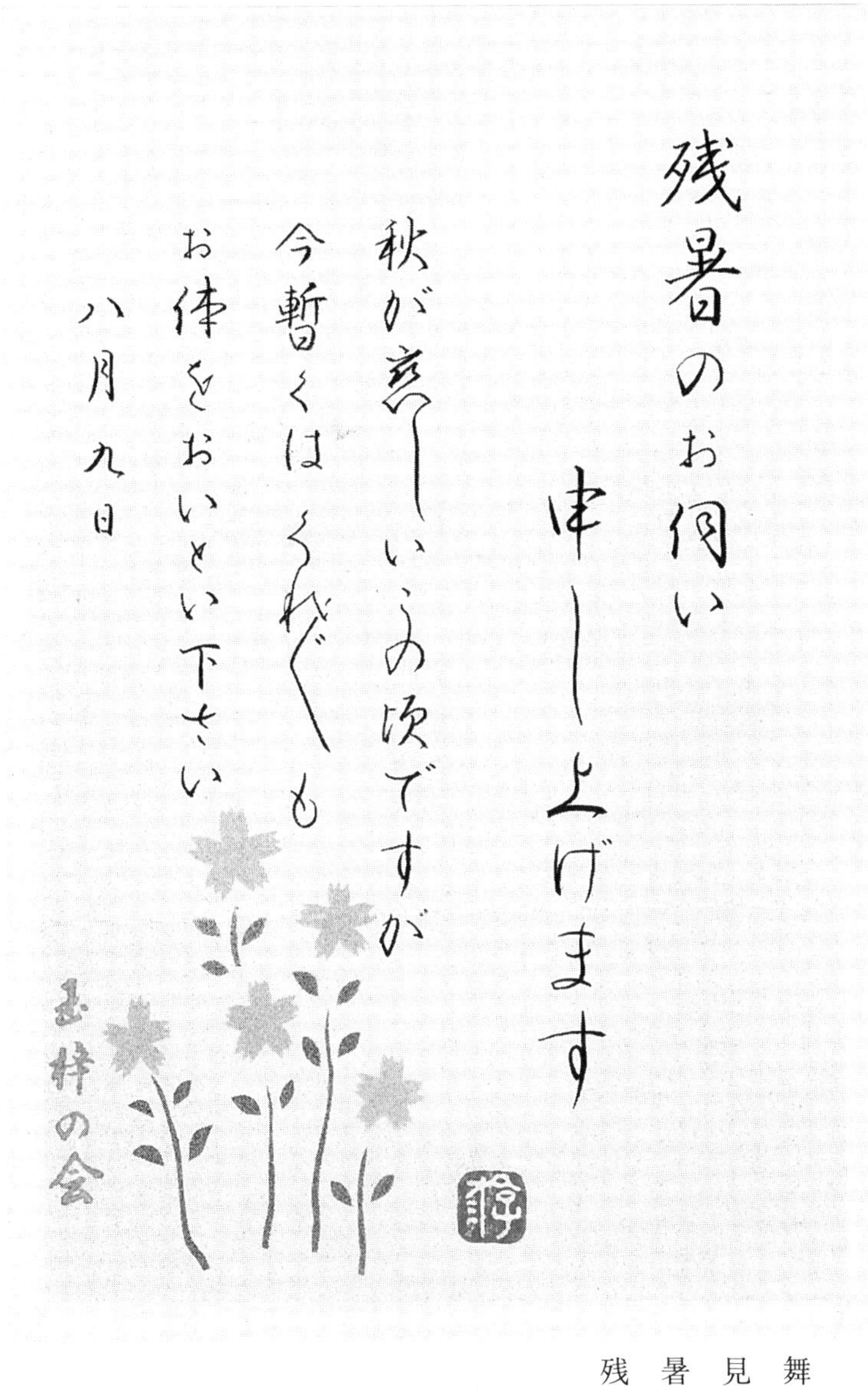
残暑のお伺い申し上げます
秋が恋しいこの頃ですが
今暫くはくれぐれも
お体をおいとい下さい
八月九日
玉梓の会

残　暑　見　舞

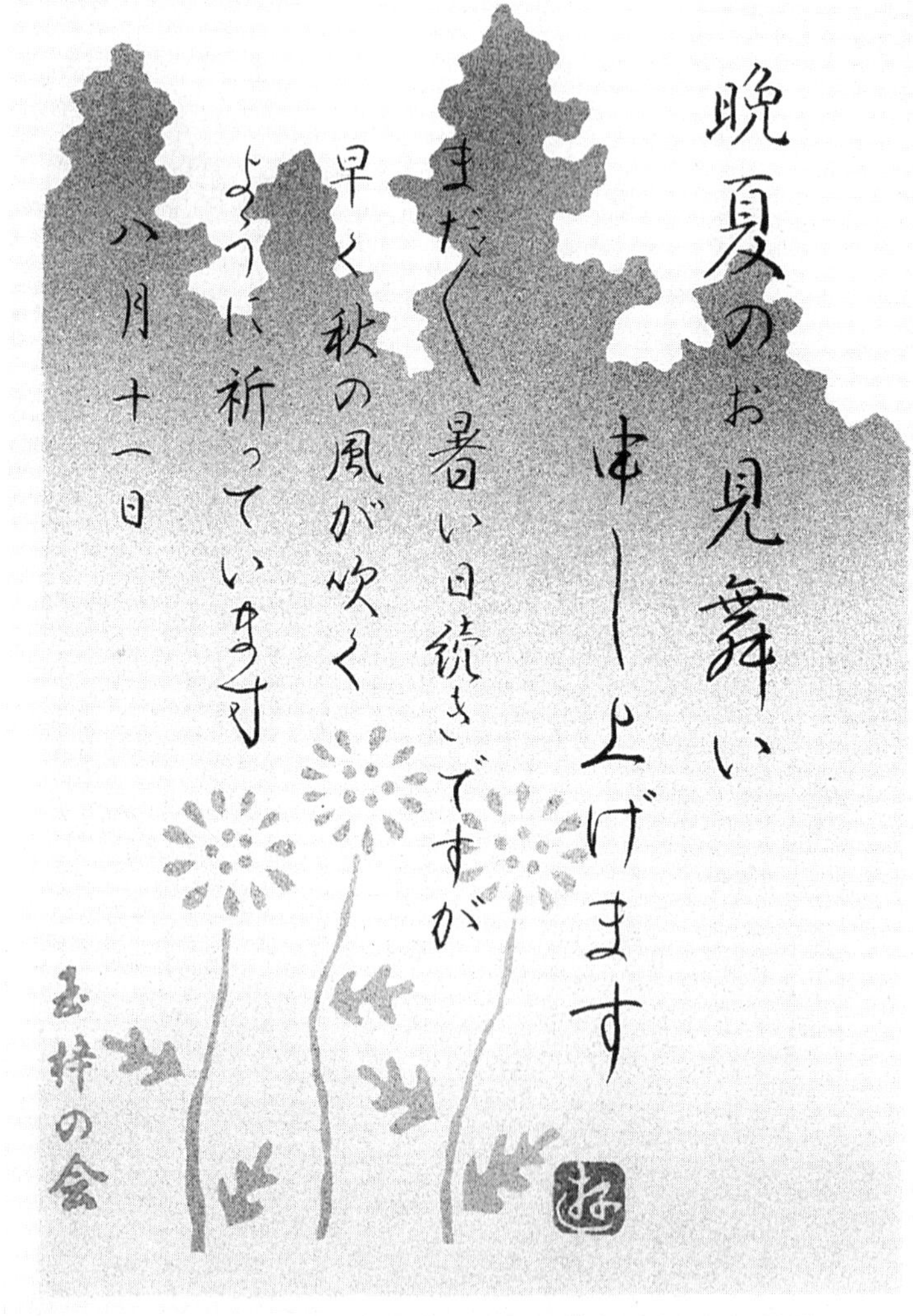
晩夏のお見舞い
申し上げます
まだ暑い日続きですが
早く秋の風が吹く
ように祈っています
八月十一日
玉梓の会

残暑見舞

九月長月《ながつき》

□和風月名　△…のみぎり、…の候、で使える書き出し語
◎自然　魚　野菜などの食べもの　◇今月の行事風物

白露《はくろ》　七日ごろ　朝夕涼しくなり草木に露が宿り始める
秋分《しゅうぶん》　二十三日ごろ　秋の彼岸の中日で昼夜の長さが同じになる

□夜長月　玄月　菊咲月　紅葉月　稲刈月　寝覚月　小田刈月　菊月　陰月
△初秋　野分　清涼　秋晴　新秋　秋涼　新涼　白露　秋冷　灯火親しむ
◎しゅうかいどう　彼岸花　鶏頭　りんどう　ほおずき　コスモス　ジンジャー　すすき　われもこう　まんじゅしゃげ　菊
秋の七草（萩　尾花　くず　なでしこ　おみなえし　藤ばかま　ききょう）
雁　こおろぎ　赤とんぼ　いなご　松虫　鈴虫　くつわ虫　かまきり
いわし　あじ　さんま　かます　ぼら　はぜ
南京　さつま芋　とうもろこし　梨　ぶどう　なつめ　いちじく　おはぎ
◇防災の日　二百十日　菊の節句（重陽）　二百二十日　敬老の日　中秋の名月　秋のお彼岸　大相撲秋場所　美術展　運動会　お墓参り　月見の宴　虫干し　台風　野分き　ハイキング　サイクリング

九月上旬の書き出し

二百十日　一日　重陽の節句　九日

○すっかり秋空に変わりましたがその後いかがですか

○二百十日も無事すぎ収穫が待たれるこの頃です

○台風一過の青空は一段と爽やかです

○九月になっても厳しい残暑でございますが

ご家族の皆様にはお変りありませんか

○一雨毎に涼しさが加わり凌ぎやすくなりました

○心配された台風も去りほっと一息ついています

○朝夕は大変凌ぎやすくなりましたが

○蝉に替って虫の音　秋も趣が深いものですね

○秋とは言え日ざしはまだ厳しいですが

○新学期が始まりましたがお変りありませんか

○夕暮れと共に始まる虫の音に秋を感じます

○初秋の空気のさわやかなこの頃です

○まっ白い雲にも　秋の風情を感じる昨今ですが

○いく分凌ぎやすくなりましたが　お元気ですか

○秋風さわやかな今日この頃でございます

○灯下親しむ　好季節がやって参りました

九月中旬の書き出し

十五夜　十二日　敬老の日　十五日

○昔から天高く馬肥ゆる秋と申しますが

○日毎に秋色深まり物思いにふける頃です

○萩の花が涼風に揺れ爽やかさを感じる昨今です

○待ちに待った秋祭りのときがやっと来ました

○昨日の風は意外に強くまさしく野分けでしたね

○ぶどう狩りや梨もぎりの季節になりました

○台風一過野山はにわかに秋色を加え始めました

○秋風爽やかな好季節になりましたがお元気ですか

○新秋の涼風が爽快なこの頃いかがお暮らしですか

○台風を気にしながら旅行計画を立てている昨今です

○敬老の日が近ずきましたご両親はお達者ですか

○さわやかな秋の風に庭のコスモスが揺れています

○今日は近くの野原に秋の七草を探しに行きました

○スポーツの秋お得意のゴルフの調子はいかがですか

○庭先の虫の音が深まる秋を奏でる今日この頃です

○新秋の風が微かな涼しさを運んで来てくれています

○九月の半ばをすぎてやっと秋めいて参りました

九月下旬の書き出し

秋分の日　二十三日ごろ

○桔梗の花が美しく咲く頃になりました

○お彼岸の中日にお墓参りに行って来ました

○秋日和の野原に草花が乱れ咲いています

○暑さ寒さも彼岸までと言葉どおりの昨今です

○秋風涼しく衣替えの急がれる今日この頃です

○お彼岸を迎え暑さも峠を越えました

○雨が降るたびに秋気深まるこの頃でございます

○心地よい秋風のお陰で過ごしやすくなりました

○秋の味覚のさんまが店頭に出始めました

○秋の夜長が感じられる今日この頃ですが
ご勉強にお励みのことと存じます

○例年にないほどの雨が多い秋ですがお元気ですか

○雨が多くじめじめした日が続いていますが

○朝夕めっきりと凌ぎやすくなりました

○秋照りに稲穂がたわわに実る今日この頃です

○秋の気配が一段と濃くなって参りました

○野山も秋色を帯びハイキングの季節となりました

九月の結びの言葉

○残暑なお厳しい折 ご健康をお祈りします

○気候不順の折から ご自愛専一のほどを

○まだ当分は暑さが続きますので お体大切に

○残暑のおりから お身大切になされませ

○夏の疲れが秋に出るとか 十分にご留意ください

○まだ〳〵この暑さですから ご用心下さいませ

○今年はとりわけ残暑がきびしいそうですから
お体にはくれ〴〵もお気遣い下さいますように

○もう間もなく台風の季節ですが　ご一同様が
ご無事でありますようお祈りしています

○暑さもあと旬日程です　お体を大切にして下さい

○虫の音もいっそう澄みわたるこの季節に
どうか目標へ向ってのご精進にお励み下さい

○涼風の吹くころが風邪を引きやすいようですから
お気を緩めることなく息災を念じます

○秋風のようにすがすがしく　お元気でね

○さわやかな秋を過ごされますよう　お祈りします

○朝夕は大分しのぎやすくなりましたが
ご油断なさらずご自愛をお祈り申します

○気候の変り目はとかく体に障るものですから
ご健康にはくれぐれもご注意下さいませ

○暑さもあと少しですから辛抱してどうか
お元気で素敵な秋をお迎え下さいませ

○故郷の山の月を思い出しています　ではまた

○秋の夜長に虫の音を枕に　おやすみなさい

○あまり夜更しをなさらずに　お元気で

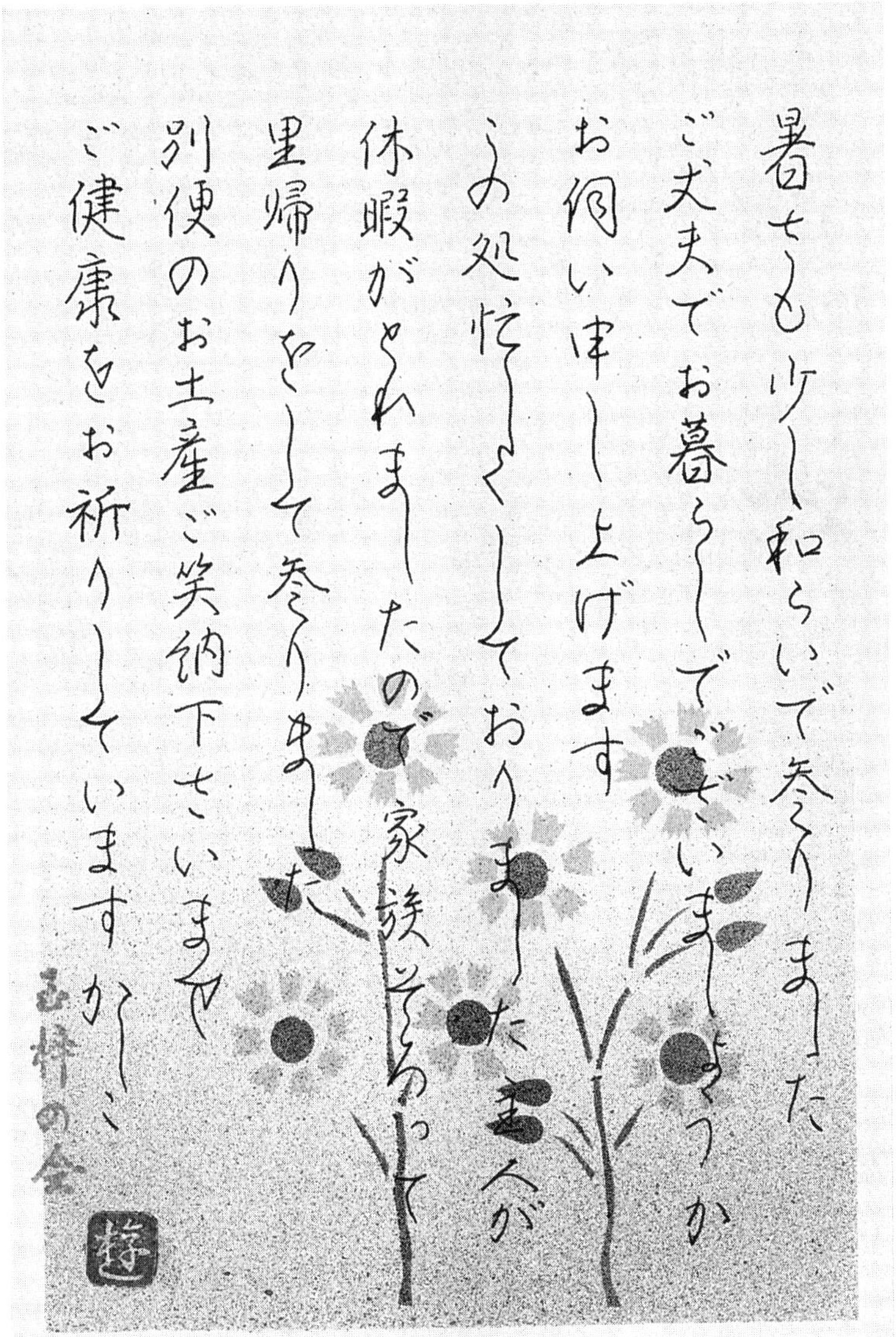
暑さも少し和らいで参りました
ご丈夫でお暮らしでございましょうか
お伺い申し上げます
この処忙しくしておりました主人が
休暇がとれましたので家族そろって
里帰りをして参りました
別便のお土産ご笑納下さいませ
ご健康をお祈りしています　かしこ

お土産を送る

夏は特に苦手とか伺って
おりましたが
お変りなく お過ごしで
いらっしゃいますでしょうか
今年の暑さは格別で
お案じ申し上げております
何か少しでも
食欲がお進みになればと
思っていましたが
麺類はお好みと
お聞きしていたのを幸いに
どこにでもある品ではございますが
揖保の糸を
少しばかりですが送らせて
いただきました 主人の
申し状からさっと
先生のお口に合うのではと
極細麺にいたしました
細い割にはしっかりとした
歯ごたえがあり
めんつゆも味がよく
つるりとしたのどごしは

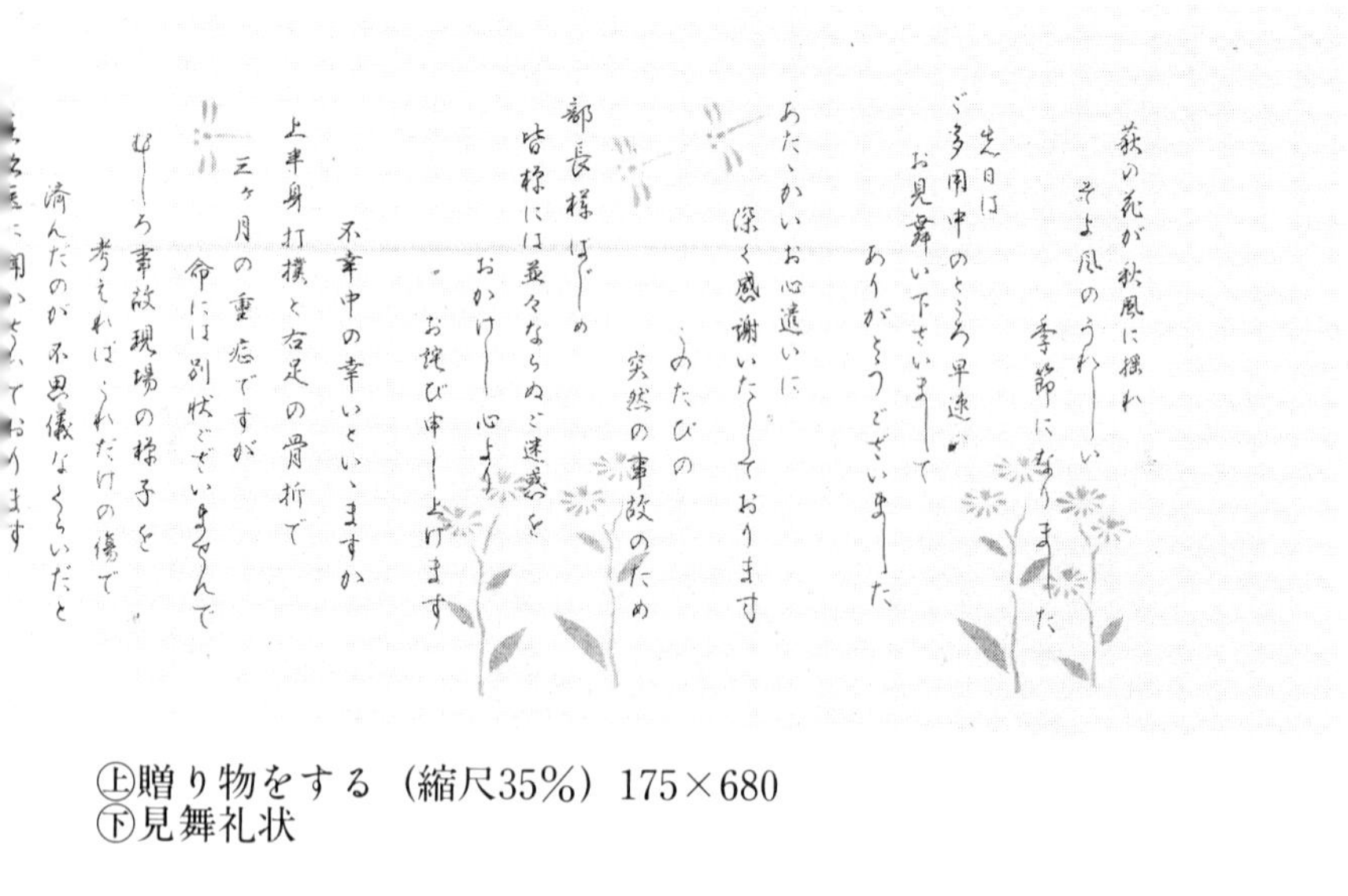
萩の花が秋風に揺れ
そよ風のうれしい
季節になりました
先日は
ご多用中のところ早速に
お見舞い下さいまして
ありがとうございました
あたたかいお心遣いに
深く感謝いたしております
このたびの
突然の事故のため
部長様はじめ
皆様には並々ならぬご迷惑を
おかけし 心より
お詫び申し上げます
不幸中の幸いといいますか
上半身打撲と右足の骨折で
三ヶ月の重症ですが
命には別状ございませんで
むしろ事故現場の様子を
考えれば これだけの傷で
済んだのが不思議なくらいだと
主治医に言われております

㊤贈り物をする（縮尺35%）175×680
㊦見舞礼状

少し涼っております
赤と緑の色麺も
見た目にもさわやかで
茹で方の説明書を
召しあがり方のご参考にと
つゆの素と同封してございます
夏休みになりましてから
毎日が大変賑やかで
兄弟げんかの明け暮れです
学校の先生方の
ご苦労がおぼろげながら
分かるような気がいたします
これからまだ
暑さが続きますので
どうかご自愛下さいませ
まずは一筆残暑の
ご挨拶まで　かしこ
長月二日
村野健一
母　光子
浅田貞代先生

順調に快方に向っており
今日あたりから
食欲もどうやら回復して
まいりましたが主人が
大層気にしていますことは
只今進展中の開発業務の
ことでございます
ご面倒ながらこの度の事情を
ご賢察の上勝手なお願いですが
お手配いただけますれば
幸いに存じます
末筆ながら
ご一同様にもよろしく
お伝えくださいませ
季節がわりの折
ご自愛をお祈りしております
まずはとりあえず
お礼とお願いを申し上げました　かしこ
長月十七日
小林郁雄
内
中村義治様

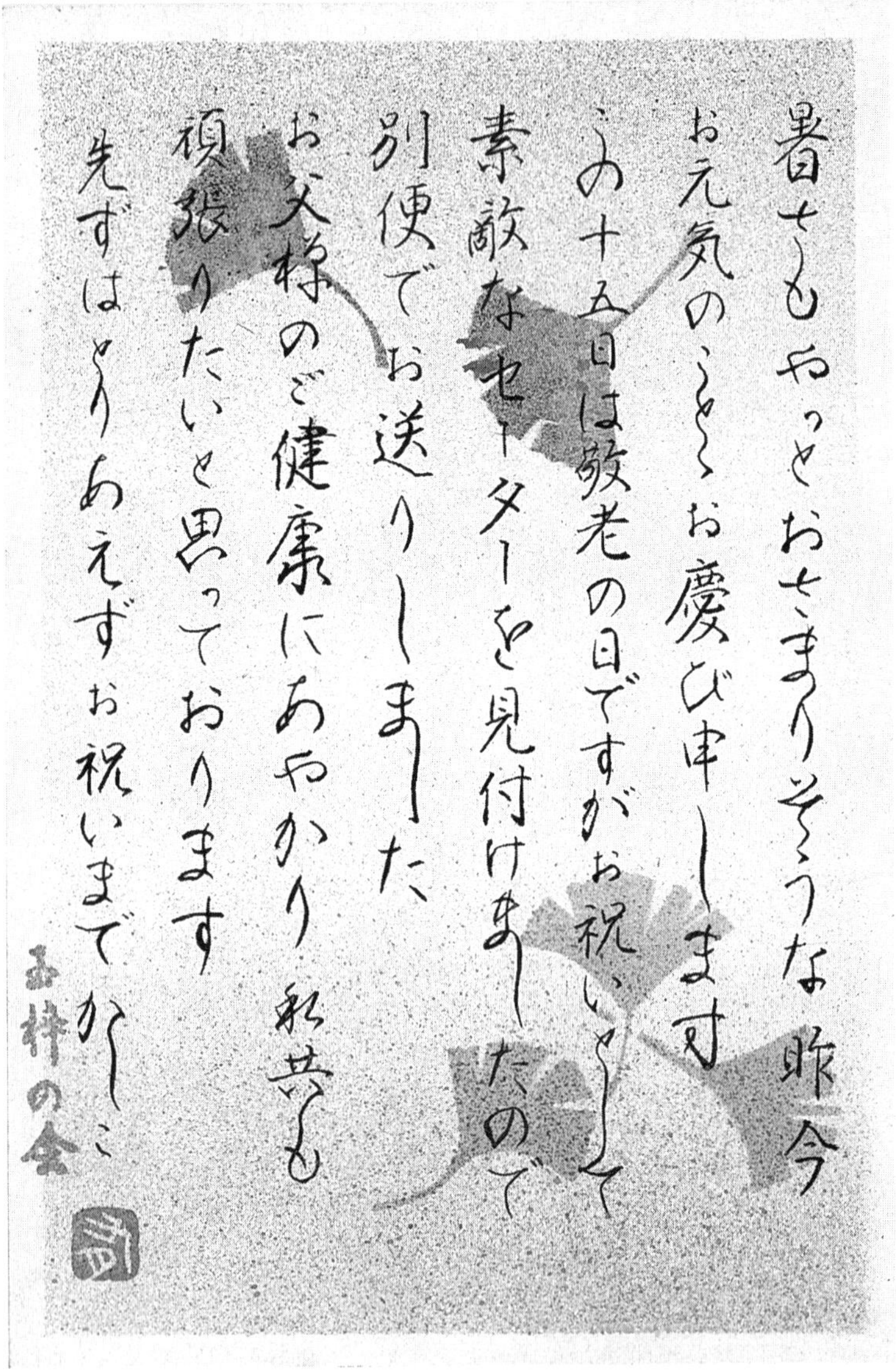
暑さもやっとおさまりそうな昨今
お元気のこととお慶び申します
この十五日は敬老の日ですがお祝いとして
素敵なセーターを見付けましたので
別便でお送りしました
お父様のご健康にあやかり私共も
頑張りたいと思っております
先ずはとりあえずお祝いまでかしこ
玉梓の会

敬　老　の　贈　り　も　の

十月神無月《かんなづき》

□和風月名　△…のみぎり、…の候、で使える書き出し語
◎自然　魚　野菜などの食べもの　◇今月の行事風物

寒露《かんろ》　八日ごろ　晩秋からの現象で朝露が寒さで凍りそうになる
霜降《そうこう》　二十四日ごろ　だんだんと露が霜になって降りはじめる

□時雨月　初霜月　神去月　良月　醸成月　雷無月　陽月　小春月　鎮祭月
△名月　朝寒　黄葉　時雨　秋冷　仲秋　夜長　秋麗　爽涼　秋雨　初霜
◎菊　ばら　もくせい　あざみ　紅葉　かえで　いちょう　あけび　紫式部　けいとう　ききょう　野菊
雁　鶴　つぐみ　鹿　みの虫　もず　しぎ　むくどり　しじゅうから
鮭　秋さば　けがに　花咲がに　さんま　はたはた
ゆず　すだち　落花生　茸類　きんかん　ざくろ　りんご　柿　栗　レモン　かりん
さつまいも　つるし柿
◇法の日　万国郵便記念日　体育の日　目の日　伊勢神宮神嘗祭　靖国神社秋季大祭　平安神宮時代祭　電信電話記念日　読書週間　国民体育大会　菊人形　芸術祭　紅葉狩　運動会　稲刈り

十月上旬の書き出し

体育の日　第二月曜日

○秋冷のみぎり皆様お変りございませんか

○さわやかな秋晴れが続くこの頃です

○絶好の秋日和です　お元気でいらっしゃいますか

○実りの秋　そして味覚の秋が参りました

○小春日和に心なごむ思いがする昨今です

○スポーツや旅行にも最適な季節を迎えました

○素敵な行楽シーズンを迎えましたが　お元気ですか

○爽やかな秋　スポーツに励んでいらっしゃいますか

○十月の声と共に一段と秋らしくなってきました

○灯火親しむ秋の夜長 いかがお過ごしですか

○そこはかとなく金木犀の薫るこの頃です

○一年中で最もよい季節を迎えましたが

皆々様にはご機嫌よくお暮らしのことと存じます

○菊花薫るこの節 皆様お変りございませんか

○めっきり涼しくなりましたが お元気ですか

○目にしみるような晴れ渡った青空のもと

秋の自然は本当に素敵だと感じています

十月中旬の書き出し

時雨《しぐれ》（九月雨）とは夕立と違い冬にかけての通り雨

○暑からず寒からず気分爽快のこの頃です

○天高く馬肥ゆる秋とか人ごとではないようです

○秋たけなわご活躍のこととご推察いたします

○秋色いよいよ濃く夜長のころになりました

○黄菊白菊の咲き乱れる頃となりました

○稲田は黄金の波まさに収穫の秋ですね

○読書の秋となりましたがご勉学いかがですか

○秋晴れのすがすがしい今日この頃です

○日一日と日が短かくなり少し心細さを感じる昨今です

○灯火親しむ頃と言えばなんとなく風情がありますね

○初霜便りが聞かれますがそちらはいかがですか

○菊薫る秋 方々で展覧会が催されています

○紅葉の美しい季節を迎えました

○こゝかしこの秋の気配に外出の機会が増えました

○コスモスが秋風に可憐に揺れております

○秋冷日一日と加わる昨今 いかがお過ごしですか

○田圃の土手に彼岸花が咲きいよく秋が来ました

十月下旬の書き出し

○なんとはなしにもの寂しい季節になりました

○秋の長雨が続いていますがお変りありませんか

○落葉踏む足音に秋の深さを感じるこの頃です

○先達って紅葉狩りに車で出掛けましたが

今年はいつになく素敵な眺めでしたよ

○よい天気に恵まれた秋 今年の実りはいかがですか

○日増しに秋が深まって参りました

○味覚の秋 何んでもが美味しくて困っています

○秋冷えが日増しに加わるこの頃お元気でしょうか

○虫の声もようやく途絶え夜のともしびの親しい頃ですが皆様お変りありませんか

○秋色濃く日脚もめっきり短かくなりました

○秋風の身にしみる昨今ですがご機嫌いかがですか

○すすきの穂が白く輝やく頃となりました

○初雪の便りが届くようになりましたが

○今年の紅葉は一段と美しさを増しているようです

○そろそろ冬仕度に取りかからねばと思う昨今です

十月の結びの言葉

○秋冷日毎に加わります頃ご自愛下さいませ

○読書であまり夜更かしをなさいませんように

○秋空にいわし雲遠く離れたこの地から
ご同様のご健康とお幸せを祈っております

○この好季節を快適にお過ごし下さいませ

○秋気しきりに動くきょうこの頃どうか
お風邪など召されぬようお気をつけ下さい

○秋の美しさを存分にお楽しみ下さいませ

○何かと実り多い秋になりますよう祈ります

○秋気しきりに動く昨今です お気を付け下さい

○深まり行く秋ご一同さまご機嫌よろしく

○めっきり寒くなりました朝晩です お大事に

○元気いっぱい食欲いっぱい 過ぎ行く秋を
どうぞ充分に堪能して下さいませ

○木々の梢から葉が静かに舞いおりて行きます
くれぐれもご無理をなさいませぬように

○故郷の秋をなつかしみつつペンを置きます

○灯火親しむころ長編のものを読もうかと
思っています　どうかあなたも頑張って下さい

○朝晩は肌寒さを感じます　お気をつけ下さい

○そろ〳〵収穫の季節です　ご勉学の方も
実りの多からんことを願っています

○そちらではもう寒いことと思われますが
お体をいたわられますよう念じます

○時節柄ご健康をお祈り申し上げます

○寒さに向います折ご自愛を切にお祈りします

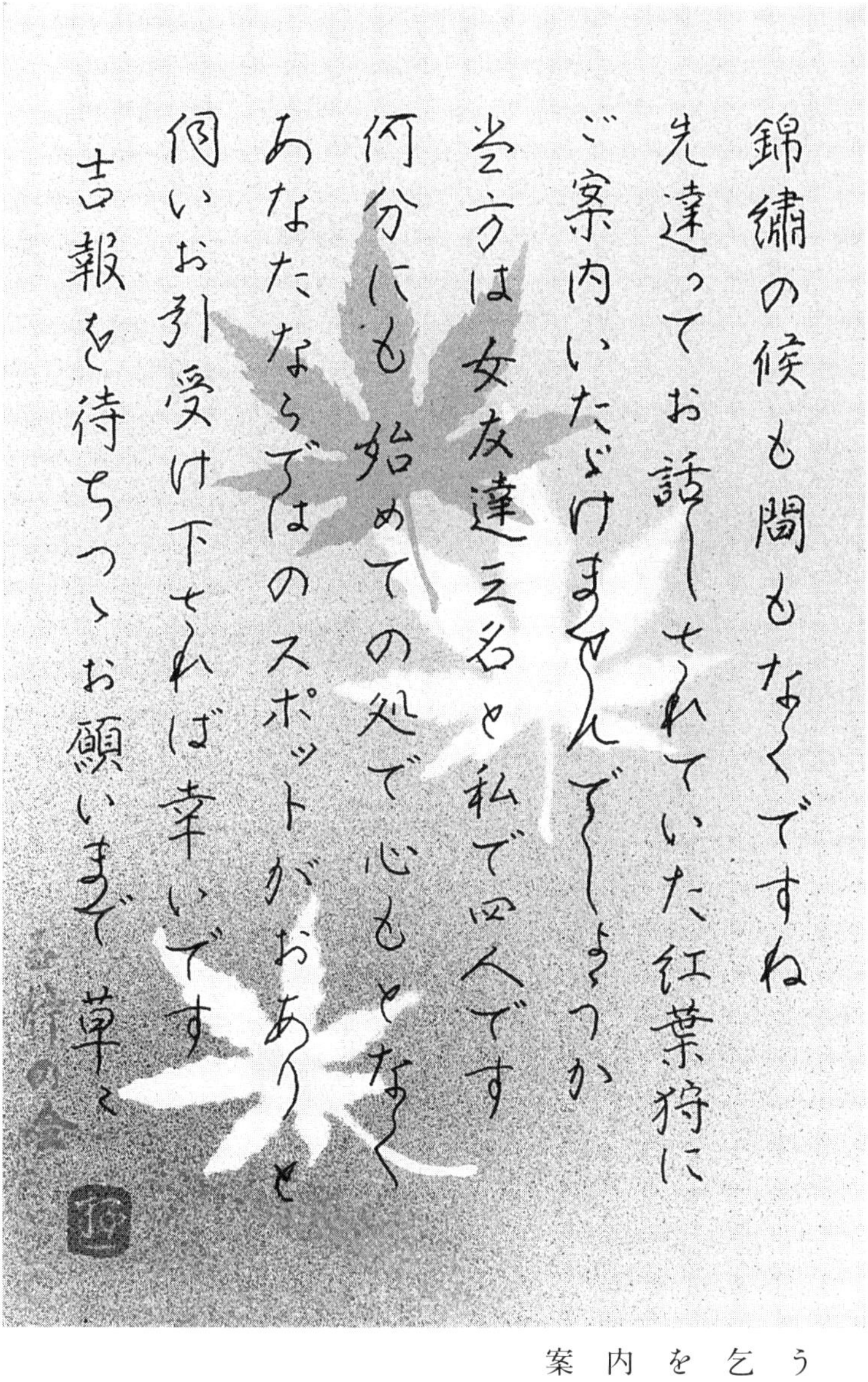
錦繍の候も間もなくですね
先達ってお話しされていた紅葉狩に
ご案内いただけませんでしょうか
当方は女友達三名と私で四人です
何分にも始めての処で心もとなく
あなたならではのスポットがおありと
伺いお引受け下されば幸いです
吉報を待ちつゝお願いまで草々

案内を乞う

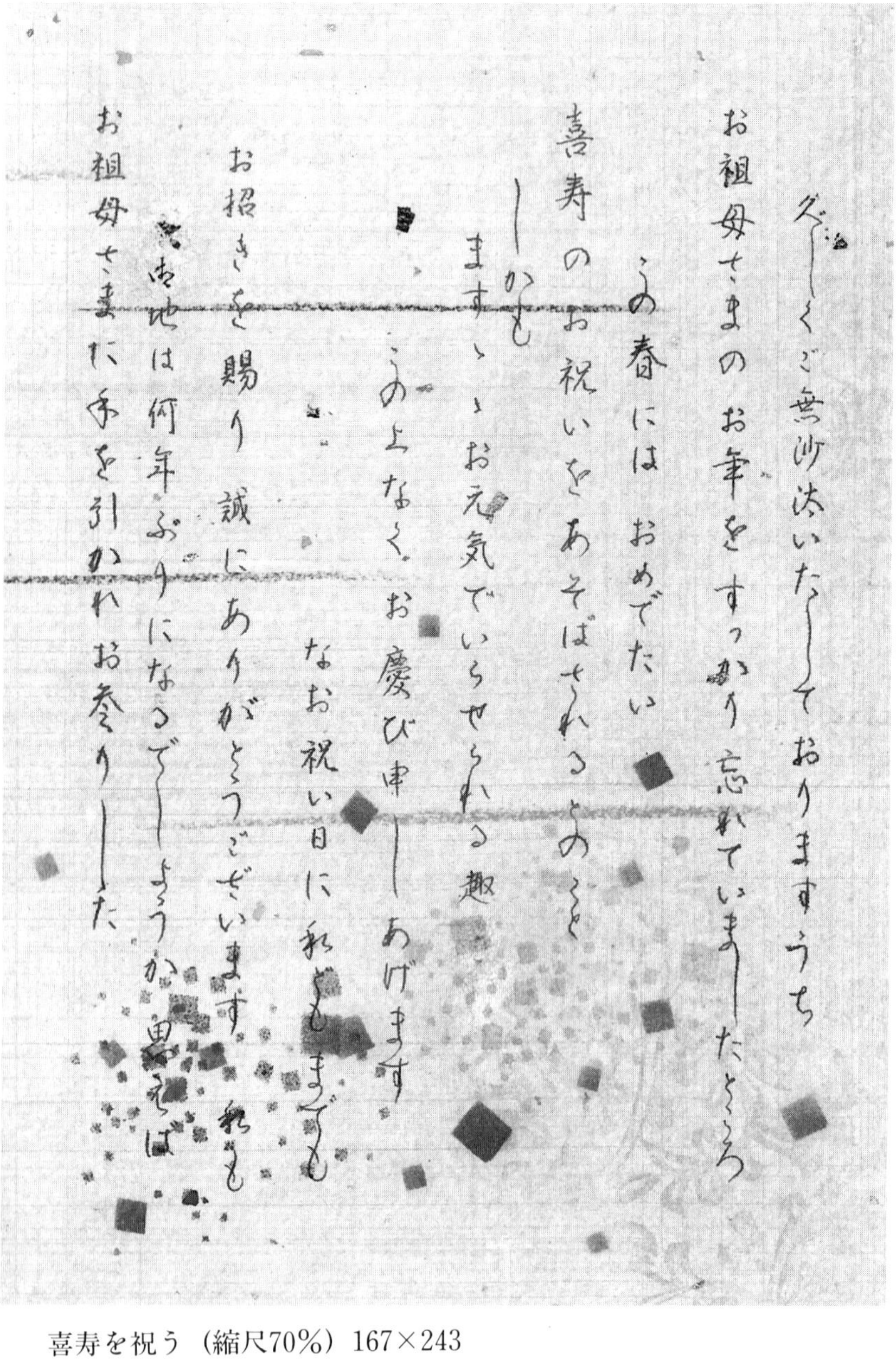

久しくご無沙汰いたしておりますうち
お祖母さまのお年をすっかり忘れていましたところ
この春にはおめでたい
喜寿のお祝いをあそばされるとのこと
しかも
ますますお元気でいらせられる趣
このうえなくお慶び申しあげます
なおお祝い日に私どもまでも
お招きを賜り誠にありがとうございます 私も
生地は何年ぶりになるでしょうか思えば
お祖母さまに手を引かれお参りしました

喜寿を祝う（縮尺70％）167×243

氏神さまや お寺の境内での盆おどりなど
遠い日のことが まざまざと蘇ってまいります
本日 早速デパートから羽ぶとんを
お祝いの印に一足先に送りました
ご笑納下さいませ 当日は主人と共に喜んで
お祝いに参上させていただきます
皆様によろしくお伝え下さいませ 可祝
十月十二日 美由紀
お祖母さま

玉梓の会

このたびは私どもの結婚に際しまして
お心のこもった お言葉とともに
素敵なお品を賜りまして厚くお礼申し上げます
包を開けましたら 中から鮮やかなカラーと
洒落たデザイン 目を奪われ 思いもよらぬお品に
とまどいながらも 二人して 大悦びしています
これからの生涯の記念の品として大事に
使わせていただきます 狭い部屋で適切な
場所もないのですが リビングルームに置きました
いつも眺められる所と思いきめました

結婚祝の礼状（縮尺70％）167×243

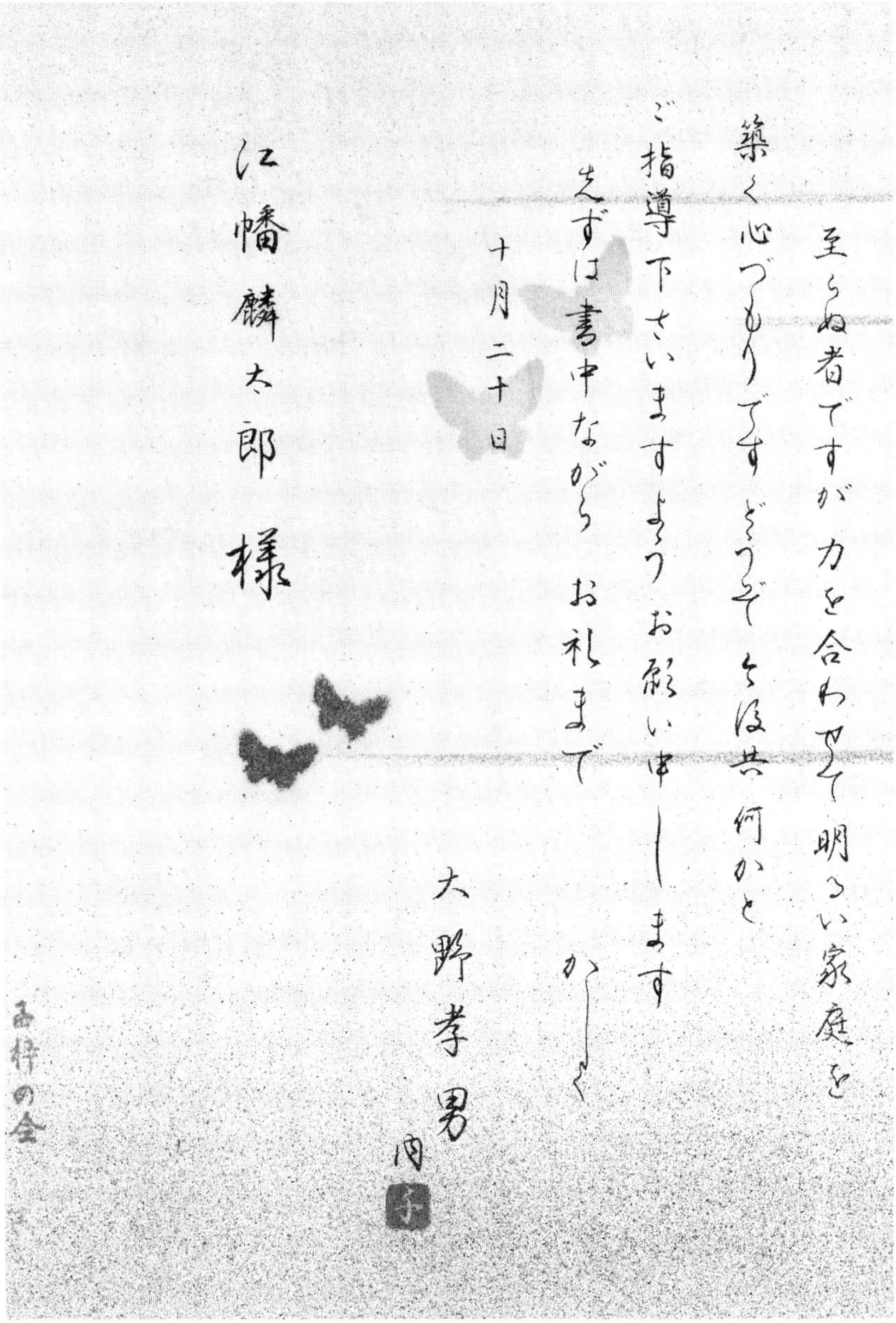

至らぬ者ですが 力を合わせて明るい家庭を
築く心づもりです どうぞ今後共何かと
ご指導下さいますよう お願い申します
先ずは書中ながら お礼まで かしこ

十月二十日

大野孝男 内

江幡麟太郎様

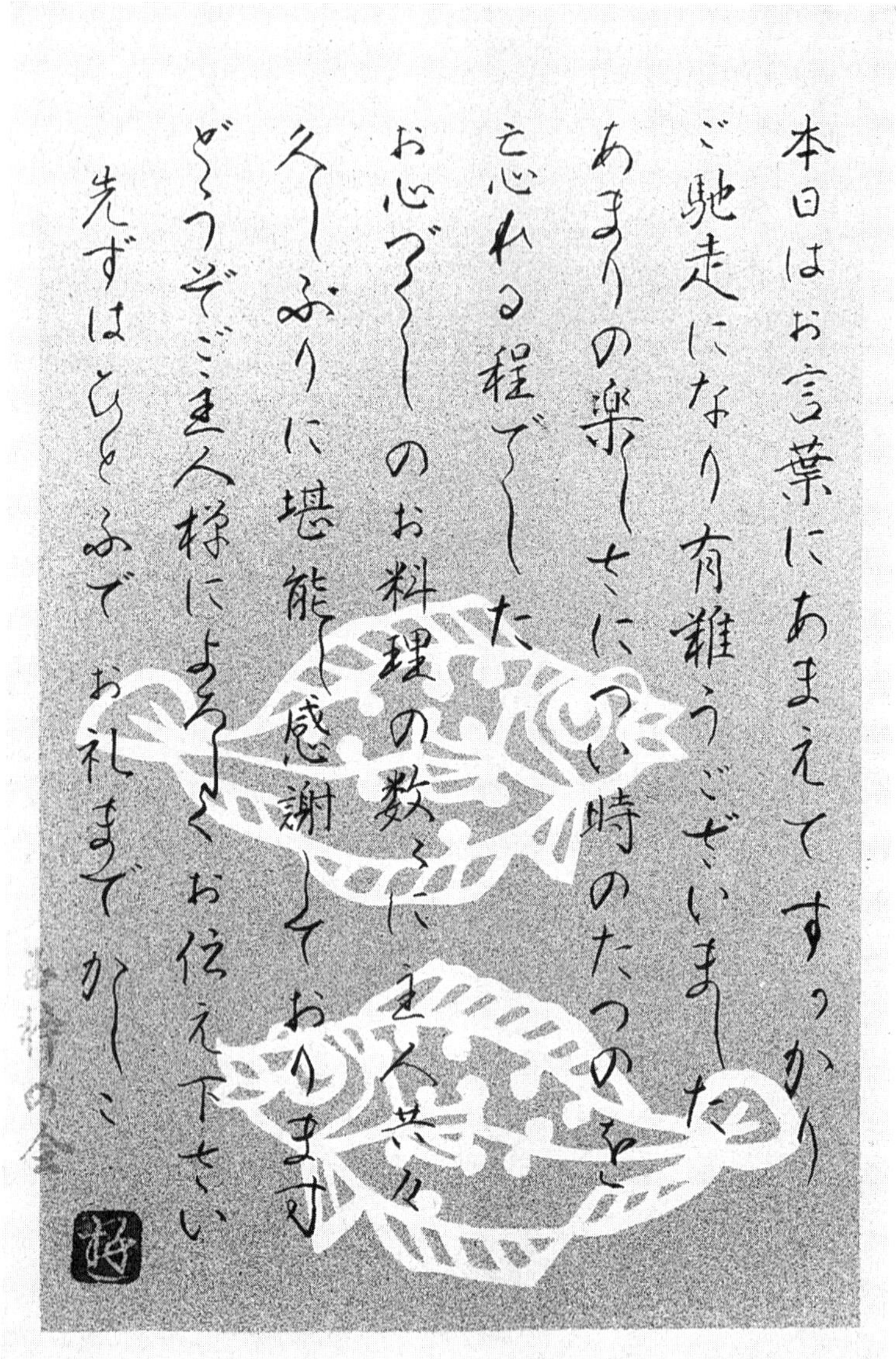
本日はお言葉にあまえてすっかり
ご馳走になり有難うございました
あまりの楽しさについ時のたつのを
忘れる程でした
お心づくしのお料理の数々に主人共々
久しぶりに堪能し感謝しております
どうぞご主人様によろしくお伝え下さい
先ずはとりあえずお礼まで　かしこ

お招きのお礼

十一月霜月《しもづき》

□和風月名　△…のみぎり、…の候、で使える書き出し語
◎自然　魚　野菜などの食べもの　◇今月の行事風物

立冬《りっとう》　七日ごろ　冬の始まりで紅葉が一段と色を増す
小雪《しょうせつ》　二十三日ごろ　北国では雪も降り始め火の気が欲しくなる

□神楽月　雪待月　神帰月　霜降月　竜潜月　復月　雪見月　鴨月　広寒月
△暮秋　落葉　冷雨　向寒　初霜　晩秋　季秋　深秋　霜秋　霜寒

◎菊　さざんか　ひいらぎの花　つわぶき　万両　八つ手の花　やぶこうじ　ポインセチア　千両　アンスリウム
赤とんぼ　鶴　白鳥　鷺　とんび　鷹　隼　もず
たら　あんこう　ししゃも　かき　ぼら　いか　かます
大根　白菜　やまごぼう　えのきたけ　みかん　リンゴ　里いも　新米

◇教育文化週間　文化の日　文化勲章授賞式　世界平和記念日　赤十字デー　七五三の祝い　勤労感謝の日　菊花展　浅草酉の市　大相撲秋場所　年賀はがき発売　文化祭　栗拾い　柿狩り　放送芸術祭　年賀はがきは十一月一日　年賀切手は十一月十五日　発売

十一月上旬の書き出し

文化の日　三日　立冬　七日ごろ

○向寒のみぎりご一同様の安否をお伺い申します

○日ごとに冷気加わり暮れ行く秋を感じる
今日この頃皆様にはお元気でお過ごしですか

○文化の日今日も素晴しい秋晴れでございます

○素晴しい紅葉の季節を迎えました

○この二三日おだやかな小春日和が続いています

○樹木の葉もみごとに色づき始めました

○落ち葉が忍び寄り冬を感じるこの頃です

○早朝の散策で栞にする落葉拾いが楽しみです

○いつしか小寒くなって暖房の欲しい頃になりました

○けさ霜が降りていました　もう冬が来たのですね

○暦では立冬ですが　穏やかな秋日和のこの頃です

○菊の香りもゆかしい季節となりましたね

○いよ〳〵立冬です　冬がすぐにもやって来るでしょう

○初霜に震えるこの頃　すっかり秋も深まりました

○庭先のグミの木に小さい赤い実がなり始めました

○そろ〳〵暖房の季節ですが　お元気ですか

十一月中旬の書き出し

七五三　十五日

男児三才と五才、
女児三才と七才

○朝夕は本当に冷え込むころとなって来ました
○いつしか夜寒で体の固くなる頃になりました
○落ち葉が風に舞う季節となりました
○七五三のお祝いで　お宮さまは大賑わいです
○野分け過ぎて　落ち葉深い今日この頃です
○秋しぐれの時節ですが　お変りありませんか
○山ではうっすら雪化粧が始まりました
○吐く息も白さが目立ち寒さが本格的になりました

○木枯しが吹き始め 日が大分短かくなりました

○行く秋の寂しさを感じる 今日この頃です

○ここ数日は朝夕めっきり冷え込むようですが

そちらの寒さはまだ大事ないでしょうか

○日だまりが恋しくなる季節になりました

○年賀はがきも売り出され年の瀬が近ずきました

○街路樹の欅も色が変わりいよいよ冬本番です

○このところ夜寒が身にしみますがお元気でしょうか

○冴え渡る月の光に冬の到来が感じられます

十一月下旬の書き出し

木枯らしとは初冬の強風で木の葉を落とし大気を冷やす

○さすがに朝晩の冷え込みがこたえるこの頃です

○秋から冬への日々は一足飛びのように早いですね

○雪便りが聞かれ冬が間近くなりました

○今朝の厚い霜はまるで小雪のようでした

○木枯しにコートの襟を立てる姿が目立つ昨今です

○釣瓶落しの夕陽があっという間に見えなくなりました

○夜寒さが身にしみる折お風邪など召されていませんか

○冷雨のみぎり　お元気にお過ごしのこととご拝察します

○降り続く 冷雨に冬が近づいたことを実感しています

○行きかう人の息の白さに冬を感じる昨今です

○日毎に寒さがつのる昨今 お変りございませんか

○晩秋の寒さを朝夕の冷気に実感するこの頃です

○肌をさす冷気は なにか気持ちが引き締るようです

○北国ではもう雪一色とか お元気でいらっしゃいますか

○寒風が身にしみいよいよ 冬の到来です

○山はもう雪です 今年は冬の訪れが早いようです

○冬将軍が駆け足で近づいてまいりました

十一月の結びの言葉

この時季の暖かい日を小春日和と言う

○向寒の折から くれぐれも ご自愛下さいますように

○秋冷の日々 ご一同様のご健康をお祈りします

○寒さに向う季節になりました どうぞ お風邪など召しませんよう ご用心下さい

○これからは日一日と寒さに向います ではお元気で

○朝晩の寒さは格別です ご油断なさいませぬように

○近づく冬を元気一杯 胸を張って迎えましょう

○朝夕の寒さに お気を付けられますように

○秋から冬へは駆け足でやって参りますどうぞ
つゝがなくお過ごし下さいますように

○天候不順の折からどうぞお体を大切に

○夜長のつれづれにお便りいたしました

○富士の山頂はもう真っ白です、これから日毎に
寒さも加わりますのでご用心下さい

○冷え込み厳しい折ご自愛専一をお祈りします

○冬将軍はすぐそばまでやって来ていますので
皆様どうかお体をおいとい下さいませ

○朝の霜が日毎に深まりますのでご用心下さい

○澄みきった夜空に星がまたゝくこのごろ
冷えこみが厳しくないようにと祈りつゝ

○感傷の秋とか興にまかせてお便りしました

○あれこれしているうちに来月は師走です
どうか元気で年末を迎えて下さい

○寒さに負けず師走を乗り切りましょう

○もうすぐ年の瀬です忙しくなりますので
体調を整えて頑張って下さい

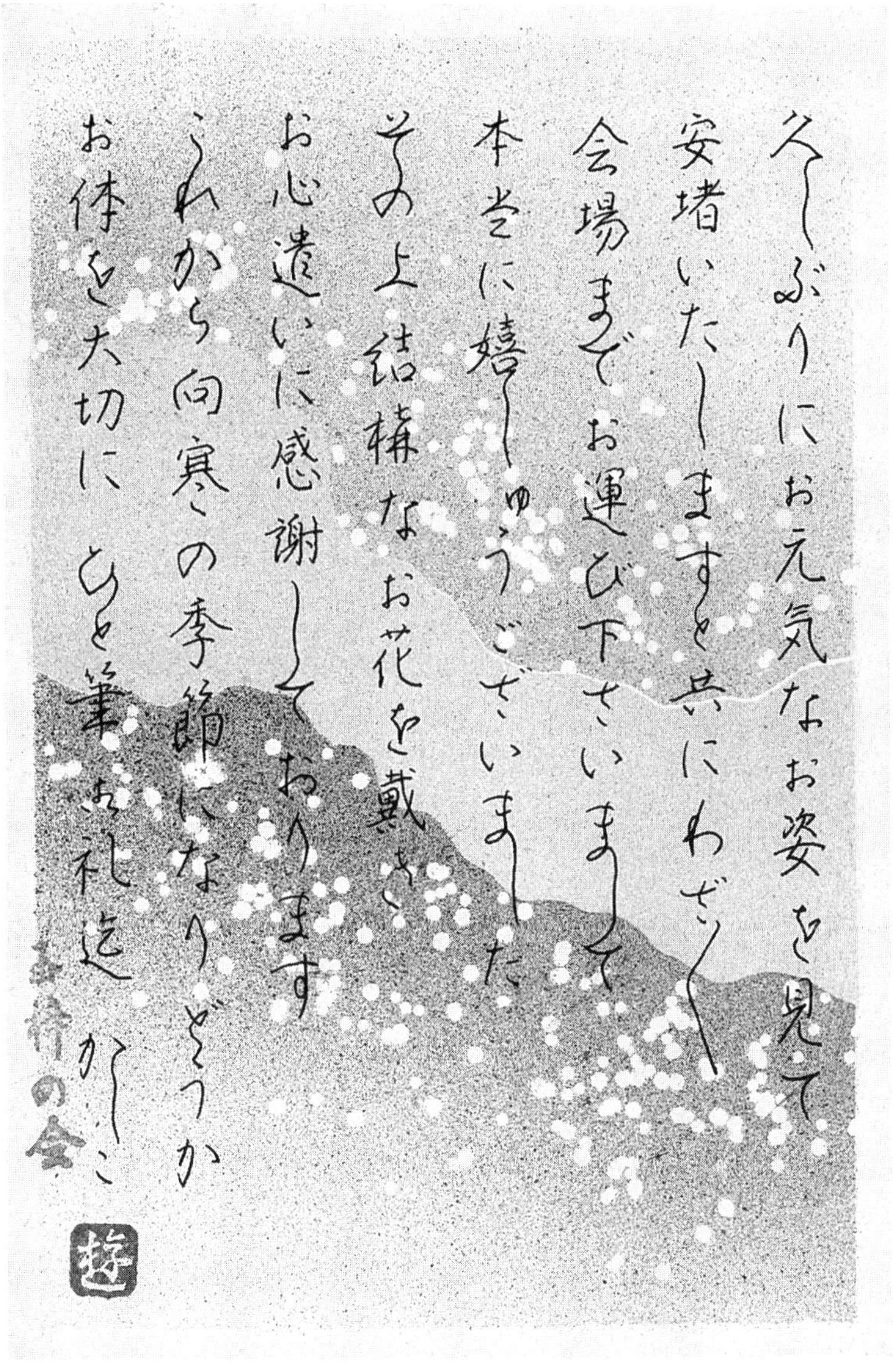
久しぶりにお元気なお姿を見て
安堵いたしますと共にわざわざ
会場までお運び下さいまして
本当に嬉しゅうございました
その上結構なお花を戴き
お心遣いに感謝しております
これから向寒の季節になりどうか
お体を大切に ひと筆お礼迄 かしこ
遊

来場のお礼

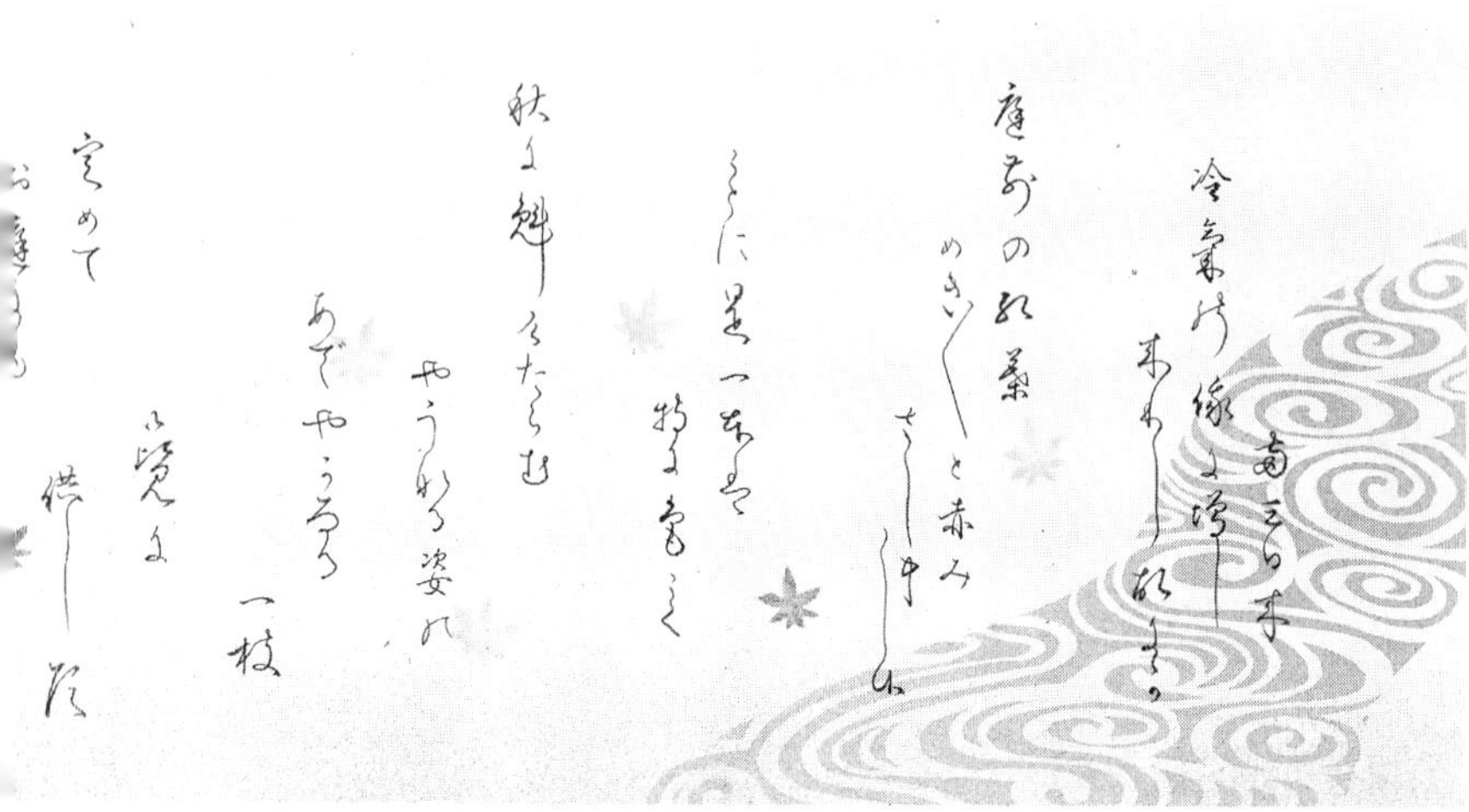

㊤候文・紅葉を送る（縮尺35％）175×680
㊦候文・人を招く

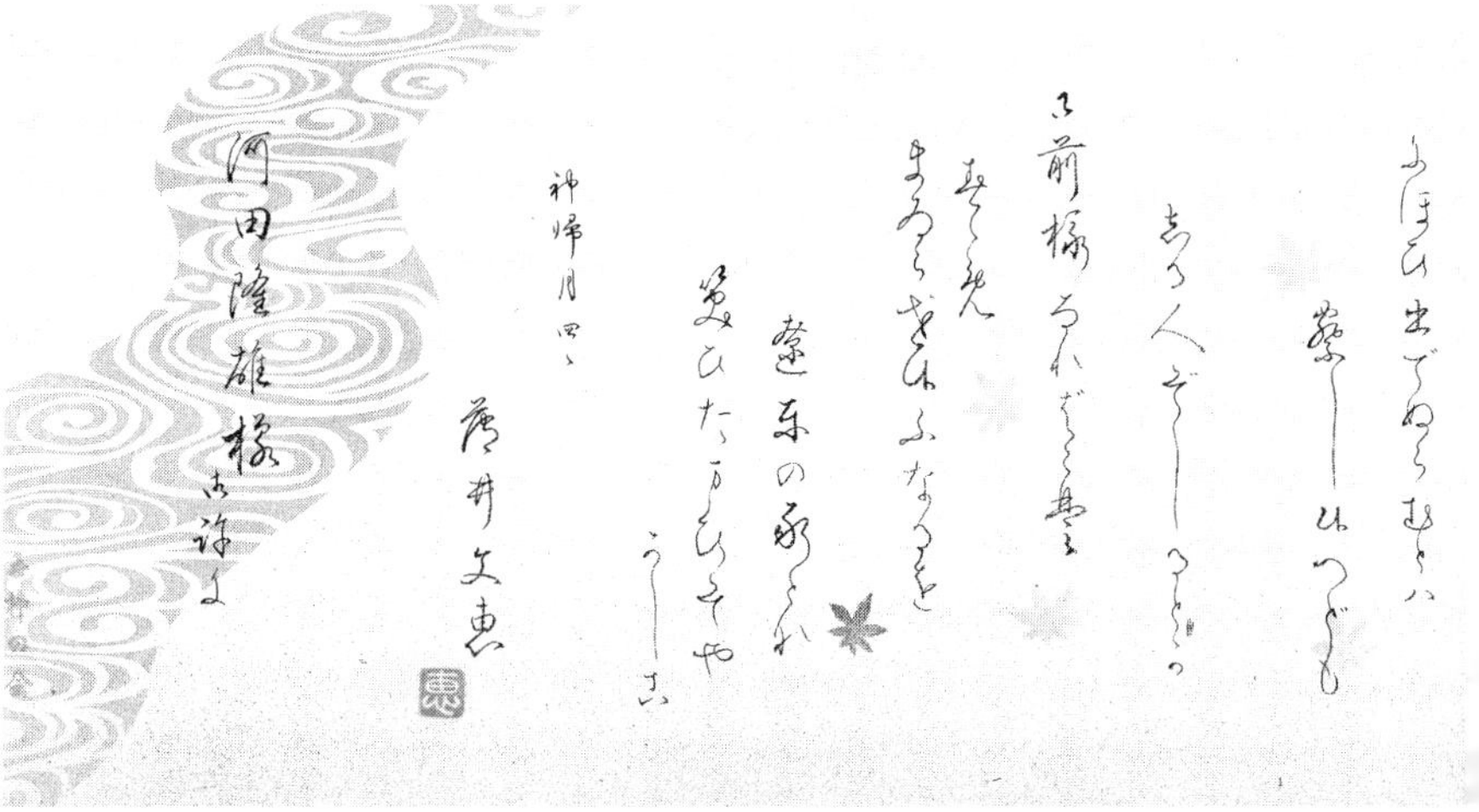
神帰月 四日

廣井文恵

河田隆雄様 お許に

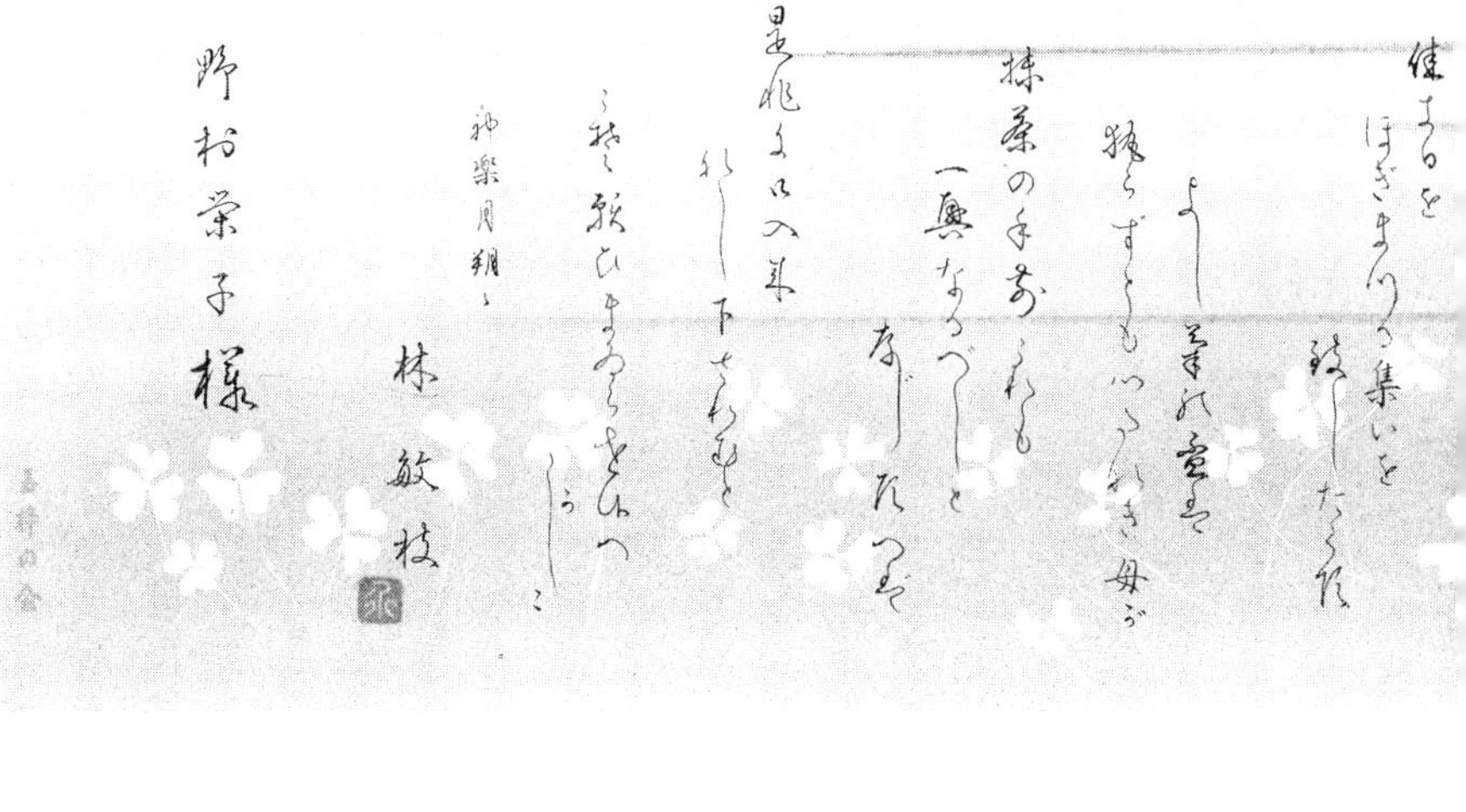
抹茶の手前にも

神楽月朔日

林 敏枝

野村栄子様

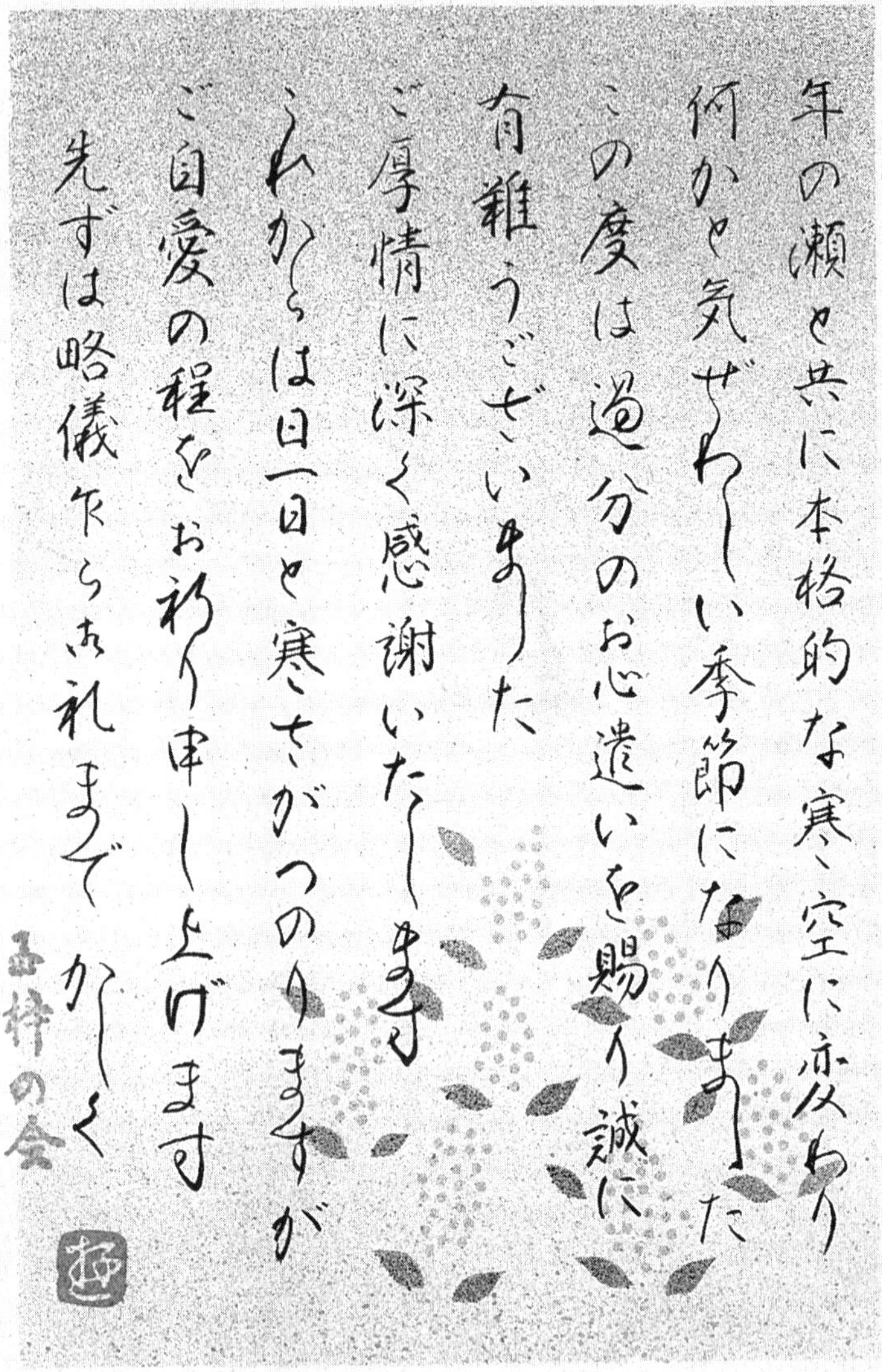
年の瀬と共に本格的な寒い空に変わり
何かと気ぜわしい季節になりました
この度は過分のお心遣いを賜り誠に
有難うございました
ご厚情に深く感謝いたします
これからは日一日と寒さがつのりますが
ご自愛の程をお祈り申し上げます
先ずは略儀乍らお礼まで　かしこ
玉梓の会

お歳暮のお礼

十二月　師走《しはす》

□和風月名　△…のみぎり、…の候、で使える書き出し語
◎自然　魚　野菜などの食べもの　◇今月の行事風物

大雪《たいせつ》　七日ごろ　雪が積るが積らない地方でも冬本番になる
冬至《とうじ》　二十二日ごろ　北半球では昼が最も短かく夜が最も長い日

□春待月　極月　臘月　梅初月　限月　除月　三冬月　尽月　終月　臨月
△寒冷　年末　歳末　短日　霧氷　初冬　師走　新雪　霧夜　歳晩
◎寒椿　八つ手の花　寒菊　とうじばい　シクラメン　シンビジューム　ポインセチア　ひいらぎ　千両　万両
狐　おしどり　白鳥　兎　七面鳥
はたはた　数の子　ふぐ　たら　かに　塩鮭　なまこ　鯛　かき　のり　あんこう　寒ぶり
れんこん　だいだい　ぽんかん　セロリ　白菜　鍋物　おでん
◇映画の日　世界人権宣言記念日　羽子板市　年賀郵便受付　クリスマス　官庁ご用納め　大祓い　年越し　冬休み　忘年会　帰省　大掃除　年越しそば　除夜の鐘　大晦日

十二月上旬の書き出し

大雪　八日ごろ

○師走に入り何かと気ぜわしい今日この頃です
○早や一年の締めくくりの月を迎えました
○師走の風がひとしお身に凍みる昨今です
○十二月の声を聞けば主婦も走り回る季節です
○凍てつくような寒い日が続きますがお元気ですか
○初雪の便りが方々から届くようになりました
○寒椿が木枯らしの中で美しく咲いています
○忘年会シーズンです カラオケ上手のあなたの出番ね

○この頃の日の短かさは 心細ささえ感じる昨今です

○久しぶりに暖かいので障子の張り替えをしました

○早や夜の街角ではクリスマス・ツリーが輝いています

○年末厳寒のみぎりご清福のこととお慶び申します

○暦の上では大雪ですが 今年は暖かな師走ですね

○師走の声を聞くと今年の思い出が頭を巡ります

○いちょうまでも葉を落とし始めた昨今です

○スキーシーズンの到来ですが 今年はどちら方面ですか

○早くも年の瀬を迎え なにかと目紛《まぐる》しい毎日です

十二月中旬の書き出し

年賀郵便受付　十五日
冬将軍とはナポレオンも勝てなかった厳寒の故事

○降る雨もみぞれまじりで冬本番ですね

○凍てつくような寒い日が続いておりますが

○年賀はがきはもう書かれましたか　私は今
そのまっ最中で大わらわの状態です

○師走もなかば本当に忙しい毎日が続きます

○帰宅の車中は忘年会帰りの酔客が多いこの頃です

○忘年会でお疲れ気味と聞きましたが大丈夫ですか

○いよいよ余すところ二週間　月日の経つのは早いですね

○北風が毎日のように 吹き荒れる昨今です

○寒さも一休み 冬日向の温もりにほっとしています

○師走の空に風が吹きすさぶ日々 お仕事如何ですか

○今年もいよいよ押し迫りましたが 公私共に

ご多用と承りご健康を案じております

○歳末大売出しに年の暮れを思わせる頃です

○ここ二三日風の音が一層寒さを感じさせています

○スーパーの店先にも お正月用の花が並び始めました

○例年にない暖かな年の瀬で少しゆとりを感じます

十二月下旬の書き出し

冬至　二十二日ごろ　　クリスマス　二十五日
年賀郵便は二十五日ごろまでに投函します

○こちらでは本格的な冬将軍の到来ですが
そちらの南国ではいかがでしょうか
○待ち遠しかったクリスマスがやっと来ましたね
○冬至で久しぶりに銭湯のゆず湯に入りました
○冬枯れの庭に山茶花だけが健気に咲いています
○本年も残り少なくなって寒さもきびしいおですね
○年の瀬はなんとはなしに心せわしい毎日です
○お正月の準備で何かとお忙しいことでしょう

○クリスマスも終り いよいよ あとわずかとなりました
○大晦日のお参りで またお会いできそうですね
○年の瀬も押し詰まり 心慌ただしい昨今です
○クリスマスが終わるとお正月 子供には天国です
○お用納めの時期ですが ご多用のことと存じます
○今年も余すところ あと数日となりました
○商店街にもう門松が立ち始め いよいよ 新年です
○吹く風も身にしみるような年の瀬です
○光陰矢の如しとか 時の流れの早さに驚いています

十二月の結びの言葉

冬至の日に息災行事を行なう

○気ぜわしい師走ですが体調をくずされないように

○今年も間もなくクリスマスですがお達者でね

○十二月に入ったばかりで心あわただしくなり
　忙しい毎日ですがお元気でお過ごし下さい

○光陰矢の如し今年もあとわずかになりました

○クリスマスのプレゼントはもう決まりましたか

○あわただしい年の暮つまらぬ交通事故で
　お怪我などなさらないようにお祈りしています

○歳末ご繁忙の折どうぞお体をおいとい下さいませ

○師走の街の賑わいを耳にしつゝ来る新春に
　ご一同様のご活躍をお祈り申し上げます

○あなたにとって来年は飛躍の年でありますよう

○皆様にとり来年も素敵な年となりますように

○すぐお正月ですが　清新な気分でお迎え下さい

○来年もよい年であることをお祈りします

○新春のご用意にお忙しい折　ご自愛の程を

○なにとぞよい　お正月をお迎えあそばしますよう

○何かとせわしい歳末ですがお体には十分
　お気をつけられてよい年をお迎え下さいね
○あわただしい年末どうぞご自愛をお忘れなく
○今年もあとわずか健康でよい年をお迎え下さい
○では希望の春を心安らかにお待ちしつゝ
○ゆく年をとせわやかに送り輝やかしい
　新春を心静かにお迎えしましょう
○よい春を迎えられますよう祈りつゝ
○お揃いで健やかなよい年をお迎え下さいますよう

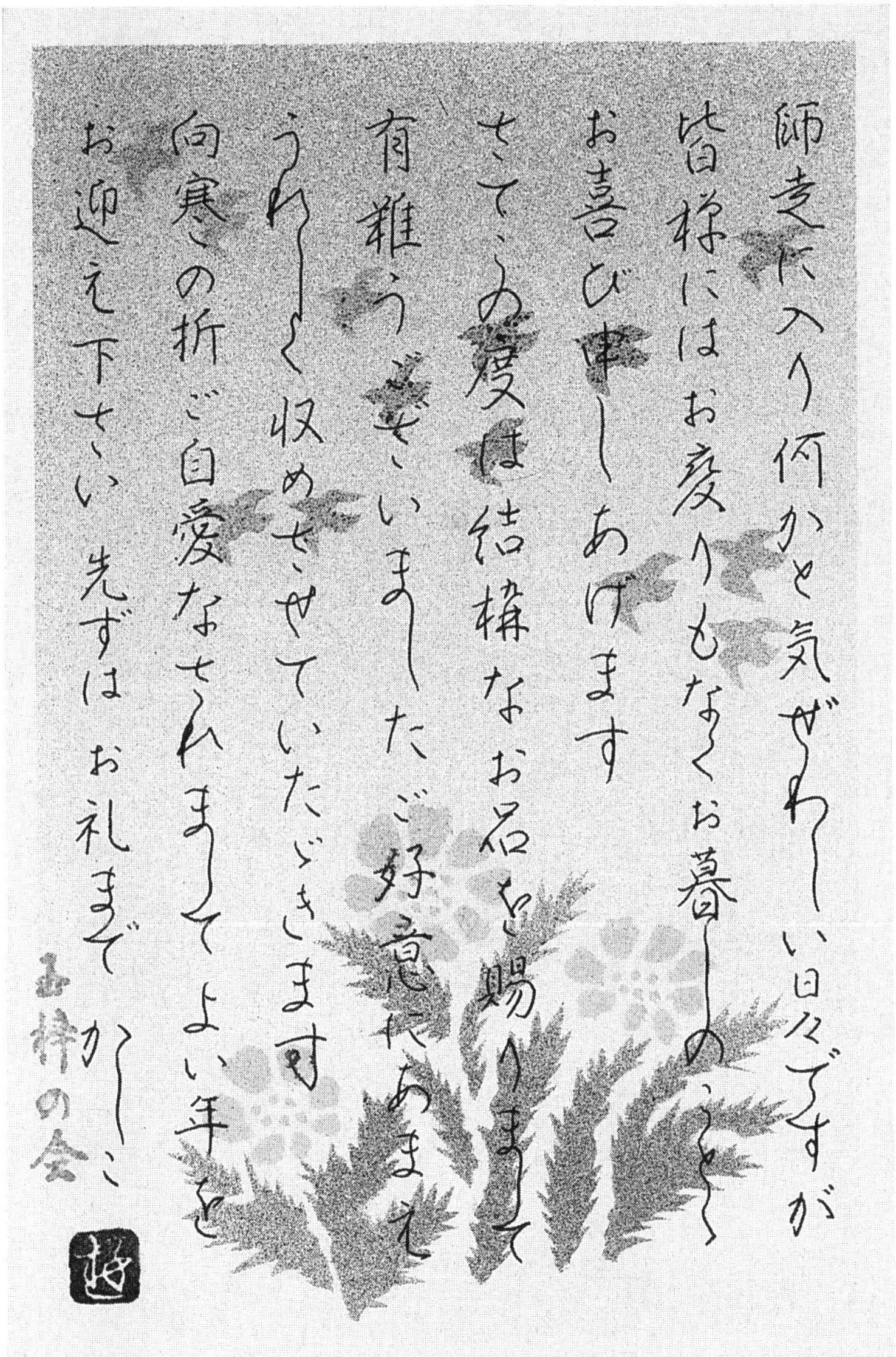
師走に入り何かと気ぜわしい日々ですが
皆様にはお変りもなくお暮しのことと
お喜び申しあげます
さてこの度は結構なお品を賜りまして
有難うございましたご好意にあまえ
うれしく収めさせていただきます
向寒の折ご自愛なされましてよい年を
お迎え下さい 先ずはお礼まで かしこ
玉梓の会

お歳暮のお礼

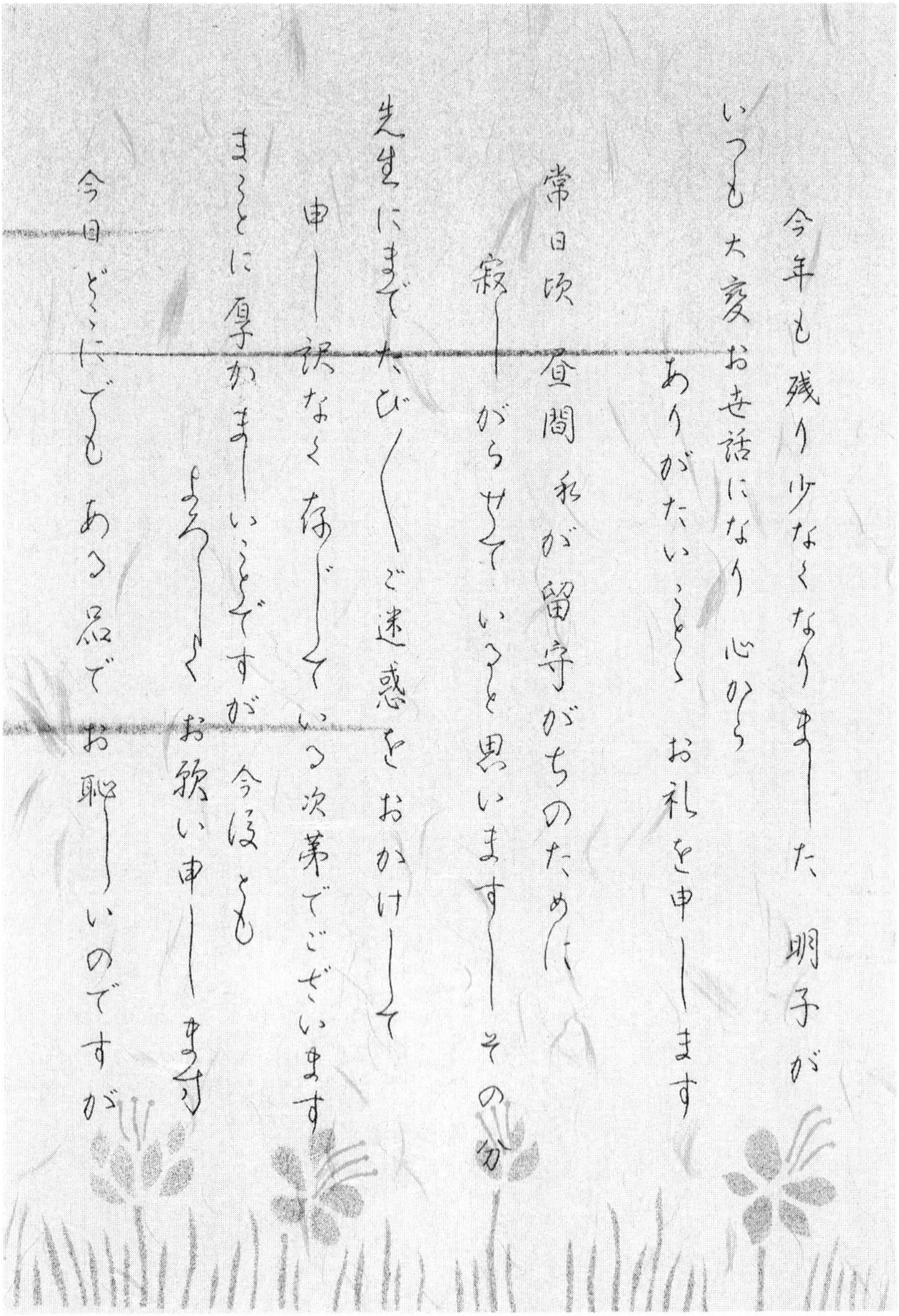
今年も残り少なくなりました　明子が
いつも大変お世話になり心から
ありがたいこと　お礼を申します
常日頃昼間私が留守がちのために
寂しがらせていると思いますし　その分
先生にまでたびたびご迷惑をおかけして
申し訳なく存じている次第でございます
まことに厚かましいことですが　今後とも
よろしくお願い申します
今日どこにでもある品でお恥しいのですが

品物を贈る（縮尺70％）167×243

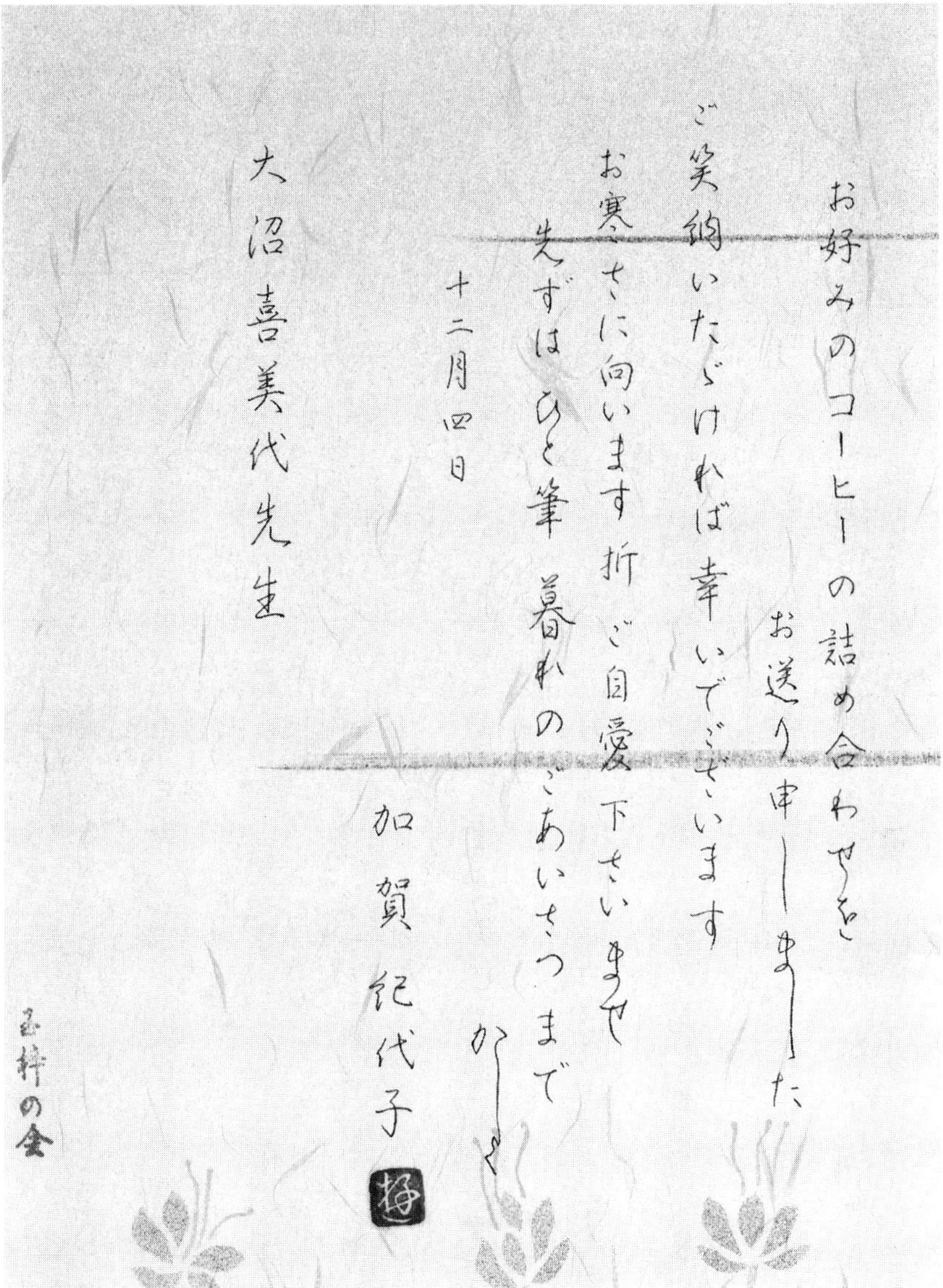

お好みのコーヒーの詰め合わせを
お送り申しました
ご笑納いただければ幸いでございます
お寒さに向います折ご自愛下さいませ
先ずはひと筆暮れのごあいさつまで
かしこ
十二月四日
加賀紀代子
大沼喜美代先生

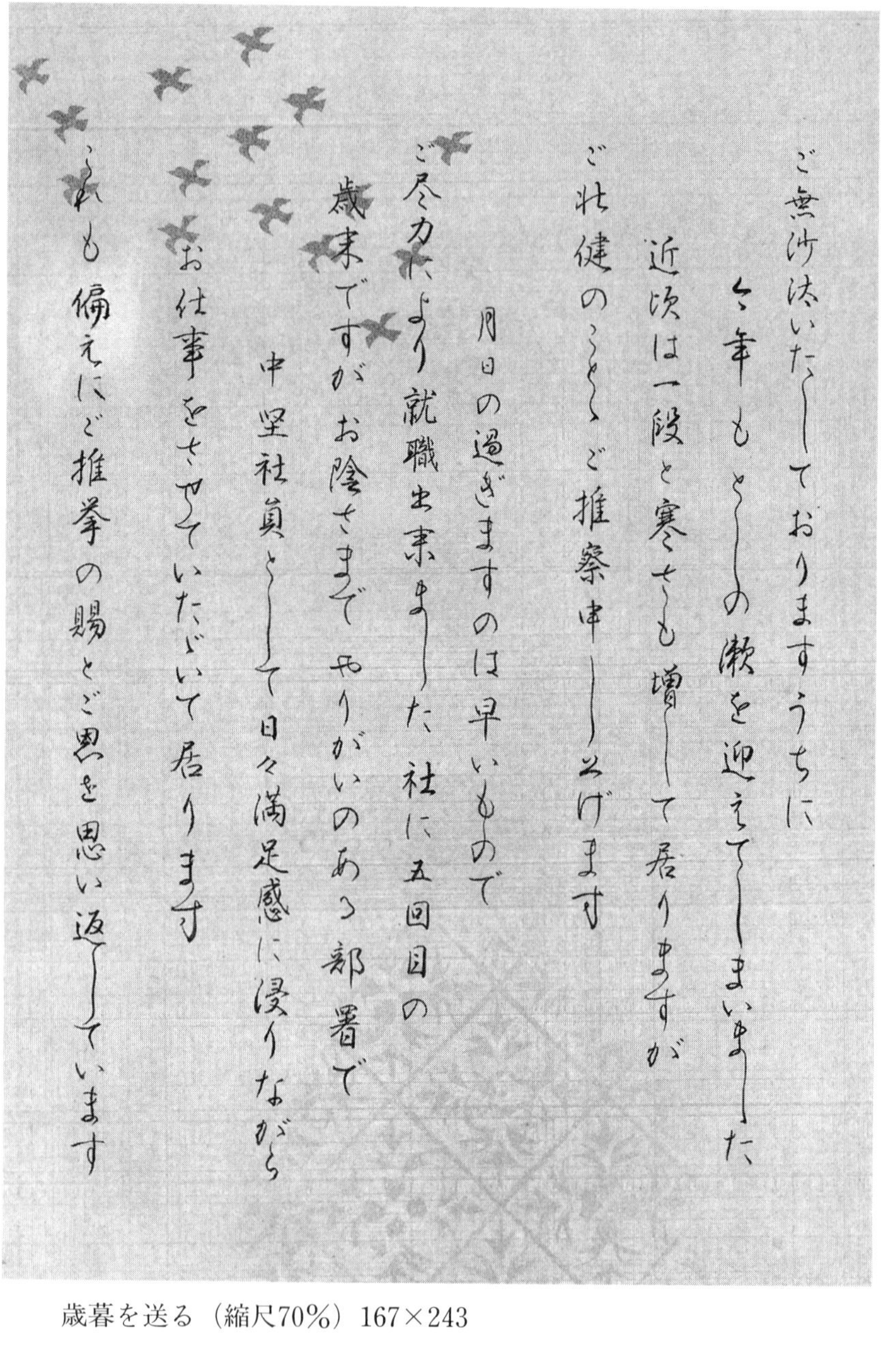
ご無沙汰いたしておりますうちに
今年もとしの瀬を迎えてしまいました
近頃は一段と寒さも増して居りますが
ご壮健のこととご推察申し上げます
月日の過ぎますのは早いもので
ご尽力により就職出来ました社に五回目の
歳末ですがお陰さまでやりがいのある部署で
中堅社員として日々満足感に浸りながら
お仕事をさせていただいて居ります
これも偏えにご推挙の賜とご恩を思い返しています

歳暮を送る（縮尺70％）167×243

別便にて心ばかりの品お歳暮の印までに
お送り申しましたのでご笑納下さいませ
末筆ながらご家族様のご健康と
よいお正月をお迎下さいますことをお祈りします

かしこ

十二月十一日

浦野順子

岩田利守様

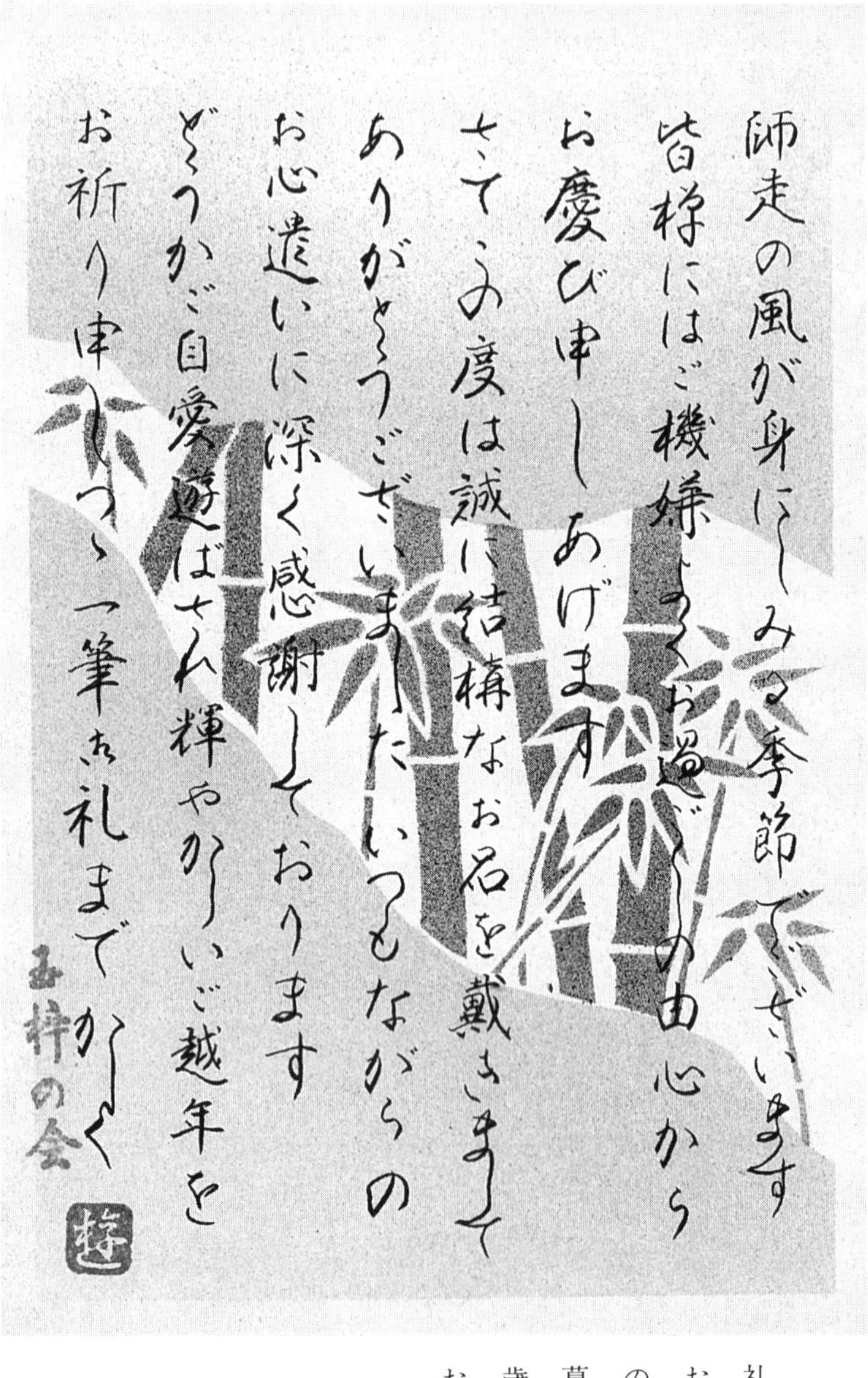
師走の風が身にしみる季節でございます
皆様にはご機嫌よろしくお過ごしの由心から
お慶び申しあげます
さてこの度は誠に結構なお品を戴きまして
ありがとうございましたいつもながらの
お心遣いに深く感謝しております
どうかご自愛遊ばされ輝かしいご越年を
お祈り申しつつ一筆お礼までかしく
玉梓の会

お歳暮のお礼

第三部

はがき・便箋・巻紙の意匠

この本に掲載された作品のすべての意匠は著者のオリジナルです。

意匠の吹き絵について

官製はがきでも年賀用やカモメール用にはデザインが施されていますし、私製はがき・便箋は封筒にいたるまで意匠づけされたものが、デパートや文房具店に並べられ、多くの方が利用されています。

それはご自分で書かれたはがきや手紙がより美しく奇麗なものでありたいとの願いがあるからでしょう。ただの白いはがきや便箋では、額のない絵画も同じで、絵によってはその美しさや、絵のもつ雰囲気すら失われるでしょう。

広い意味での手紙には、端書《はしが》きのはがきと書状として封筒に入れて出す便箋と巻紙の三種類ですが、そのいずれもが額はありません。従って意匠は書かれたものの額に相当するとも考えられます。私ごとですが、自分で出すはがき・便箋・巻紙にはすべてオリジナルの意匠を施しています。それは市販のものでは手紙の条件（8頁の三を参照）の自分らしさが出ないからです。

折角、心のふれ合いを大切にと思われているあなたに、少しの労力でご自分の気持ちを伝えることができる私の考案したお勧めの方法を、是非試していただきたいと思います。

吹き絵の用具（準備するもの）

1　透き写し用紙（トレーシングペーパーなどの薄い紙）
2　カーボン紙（陽のあたる窓ガラスを利用すればなくてもよい）
3　合成型紙（※市販していませんからご注文下さい）
4　カッターナイフ（普通のではなく、例えばＮＴカッター・Ｄ４００型、四百円位など）
5　カッティング・マットＡ４型（画材店、千三百円位）
6　透明水彩絵具（十二色ぐらいが適当）
7　吹き絵用の金網（画材店のボカシ網十三㎝角位のもの、四百円位）
8　歯ブラシ（硬毛は絵具が霧状になった時荒い。軟毛は細かい）

※型紙は送料共で、はがき用十二枚千円・便箋用五枚千円・巻紙用二枚千円（いずれも写し紙と彫り抜き片、保存用小袋付き）。郵便小為替を同封して玉梓の会までお申込み下さい。

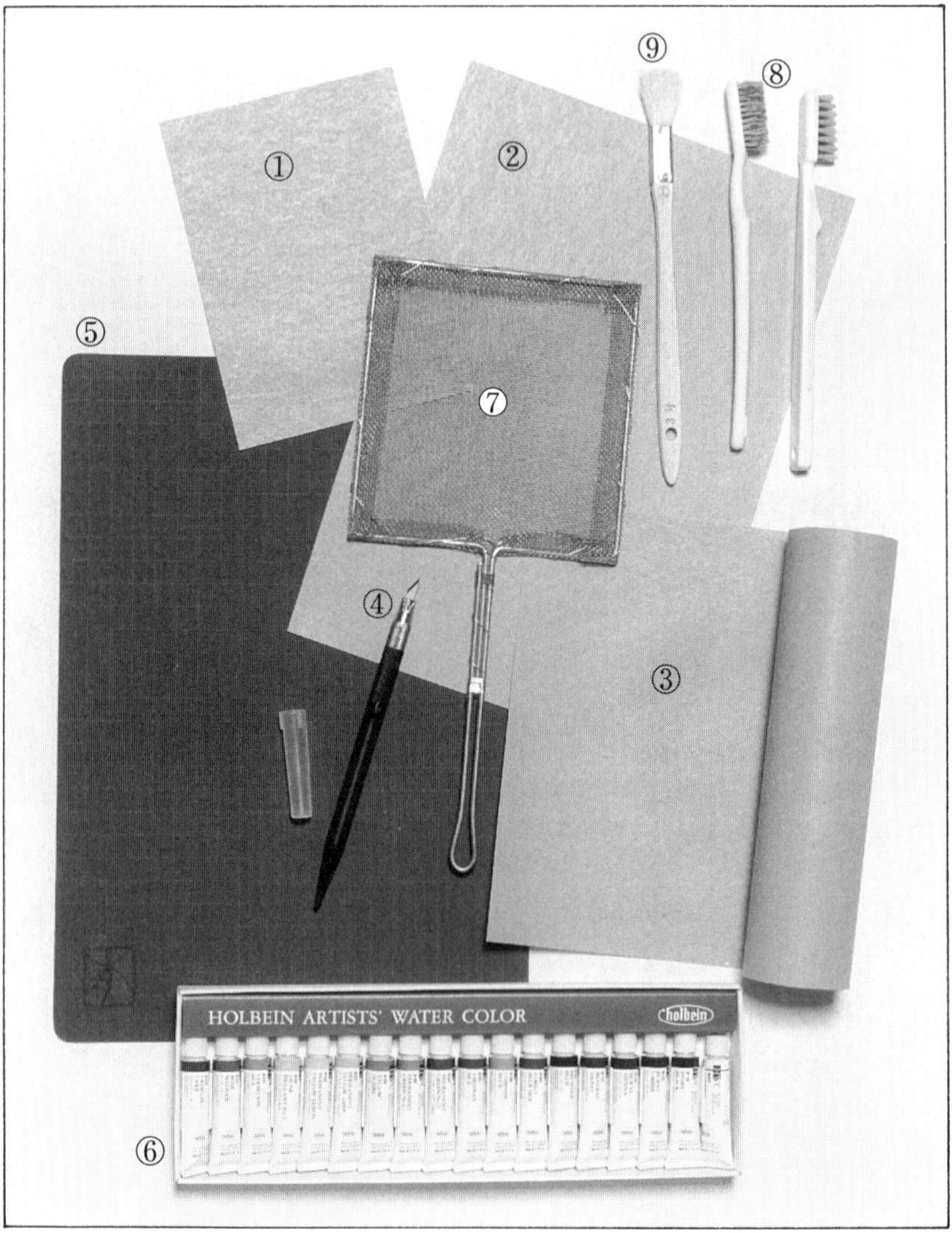

① はがき用型紙　② 便箋用型紙　③ 巻紙用型紙

④ NTカッター・D400　⑤ カッティング・マット

⑥ 透明水彩絵具　⑦ 吹き絵用金網　⑧ 歯ブラシ　⑨ 絵具用筆

吹き絵の方法

先ず、はがきか便箋（または巻紙）のどちらかに合う絵を選びます。拙著『女性の毛筆ペン字手紙講座』の中から選ばれても結構です。ただオリジナルを作るときは、吹き絵に適さないものがありますから注意が必要です。また型紙の使い方は三通りあり、念頭に入れて絵を選びます。

1　型紙から彫り抜いたものを使う（陰画になる）。
2　型紙の空白になった部分を使う（陽画になる）。
3　その両方を使う（陰画と陽画を混ぜ合わせたものにする）。

一、型紙には表裏がありませんが、鉛筆で書きやすい方を表として使います。消しゴムで書き直せます。

写し用紙を使って鉛筆で正確に写し取り原画を作ります。原画をカーボン紙か陽のあたる窓ガラスに型紙と原画とを合わせて複写する訳ですが、吹き絵を二色にするときは、型紙②図のように花の位置をずらして複写すると、吹き絵の色が混ざらないで吹くことが出来ます。

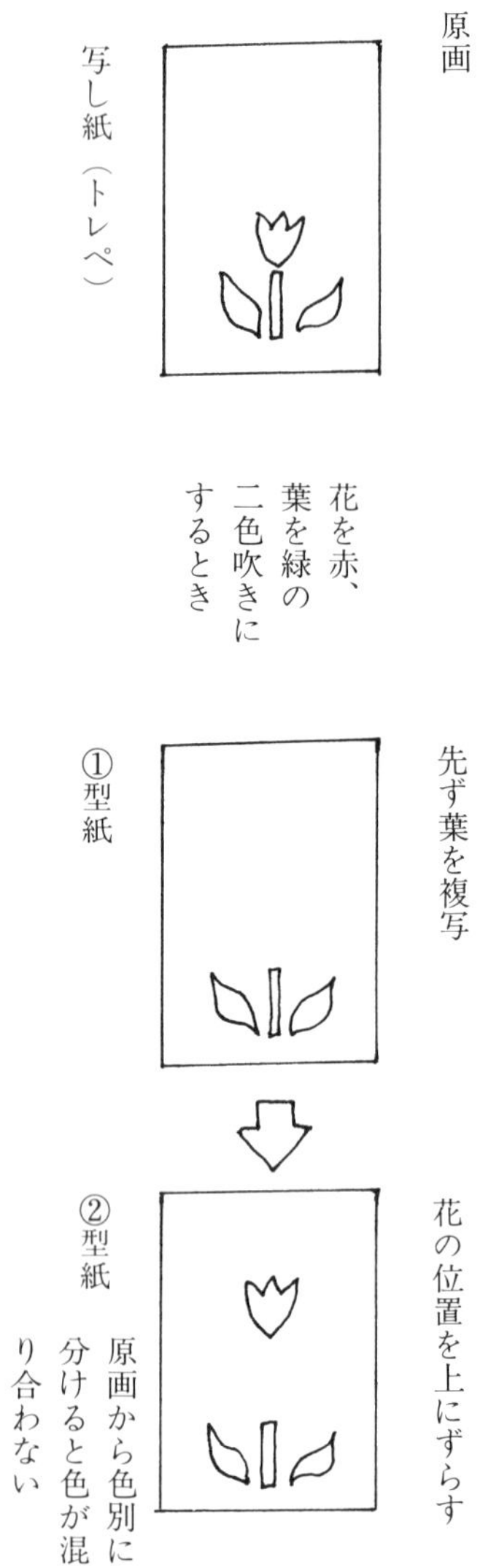

二、型紙を彫るときは、カッターは直線に動かし、型紙の方を動かして曲った処を彫ります。刃先を曲線に合わせようとすると必ず刃先が折れますから、刃先は真っ直ぐ一ミリずつ動かし、型紙を曲線に合わせて少しずつ左右に振って彫るのがコツです。

三、絵具は水で充分に薄め、金網に絵筆で塗ったとき、水っぽく見える程度が目安です。

四、彫り終えた型紙を、はがきや罫のない便箋の適切な位置に乗せ、他の部分は厚紙でおおっておきます。薄めた絵具を金網の左側に絵筆で広く塗り、歯ブラシに塗った絵具を少し吸い込ませ（こすらない）網を型紙面に近づけこする部分で手早く往復でこすります。

五、歯ブラシの硬毛は絵具の粒子が荒く、軟毛は細かい代わりに霧状になりにくいのですが、全く霧の出ないのは、絵具が薄め足りないか、絵具の付け過ぎか、歯ブラシの毛が多すぎが原因ですから、後者の場合は、歯と平行にした鋏で根気よく毛を間引き、途中で霧状になるか確かめて調整します。

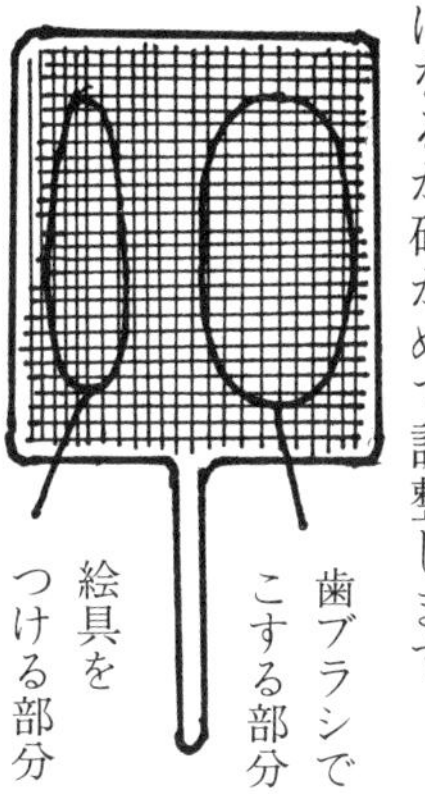

六、葉の部分が出来れば型紙をずらして花の部分の下が葉の茎に当った処で固定して他の部分は厚紙でおおい、色を変えて繰り返します。できれば三色位ですと歯ブラシ三本、金網三枚を用意します。

七、吹き絵は手書きしたものの背景となるものですからやや薄目がよいでしょう。心の優しさを表現した吹き絵は手紙文の行間に膨らみをもたせ、相手の方に深い感動を与えます。この世で二つとないあなただけの傑作を期待しています。

八、なお、はがきと手紙用（便箋と巻紙）の篆刻印（いずれも白文一字、字が白抜き）二顆を四千円（送料込み）でお作りします。小為替を同封してお申し込み下さい。

郵便はがき

197-0814

あきる野市二宮
一、四四六ー一

沢井泉妙先生

938-0862
富山県下新川郡
宇奈月町浦山二、〇三二

田中球江

二月六日

お問い合わせ
玉梓の会師範　042-558-9169

郵便はがき

545-0021

大阪市阿倍野区阪南町

五ー十六ー二一

日本画ちぐさ会

寺岡多佳様

170-0011

豊島区池袋本町

三ー十二ー八

宮部美智子

三月二日

お問い合わせ

玉梓の会客員日本画家　06-6623-8188

郵便はがき

196-0003

昭島市松原町

五ー一〇一五

武井幻香先生

263-0054

千葉市稲毛区宮野木

一、七三〇ー三〇

久保智子

二月十八日

お問い合わせ

玉梓の会師範　042-546-0525

郵便はがき

278-0022

野田市山崎
二、五六二ー四

福島敏子様

310-0013
水戸市若宮一ー三ー七

渡辺雅子

十月廿日

郵便はがき

185-0021

国分寺市南町

二ー三ー八

冨田祥玉先生

336-0023

浦和市神明

三ー十六ー十一

冨士栄子

五月廿一日

お問い合わせ

玉梓の会師範　042-301-1254

郵便はがき

190-0013

立川市富士見町

一一七一三

天野みち江様

190-0012

立川市曙町二一九一八

内田富士江

郵便はがき

1 8 5-0 0 1 1

国分寺市本多
五ー十一ー五

渋谷恭佳先生

616-
8101
京都市和泉式部町
一、一二四ー十八

宮野多美子

四月二十九日

お問い合わせ
玉梓の会師範　042-321-1828

郵便はがき

187-0022

小平市上水本町
五ー五ー二二

吉田宗玉先生

651-1231
神戸市北区青葉台
二ー十八ー十七

寺田美輪子

一月八日

お問い合わせ
玉梓の会師範　042-321-3525

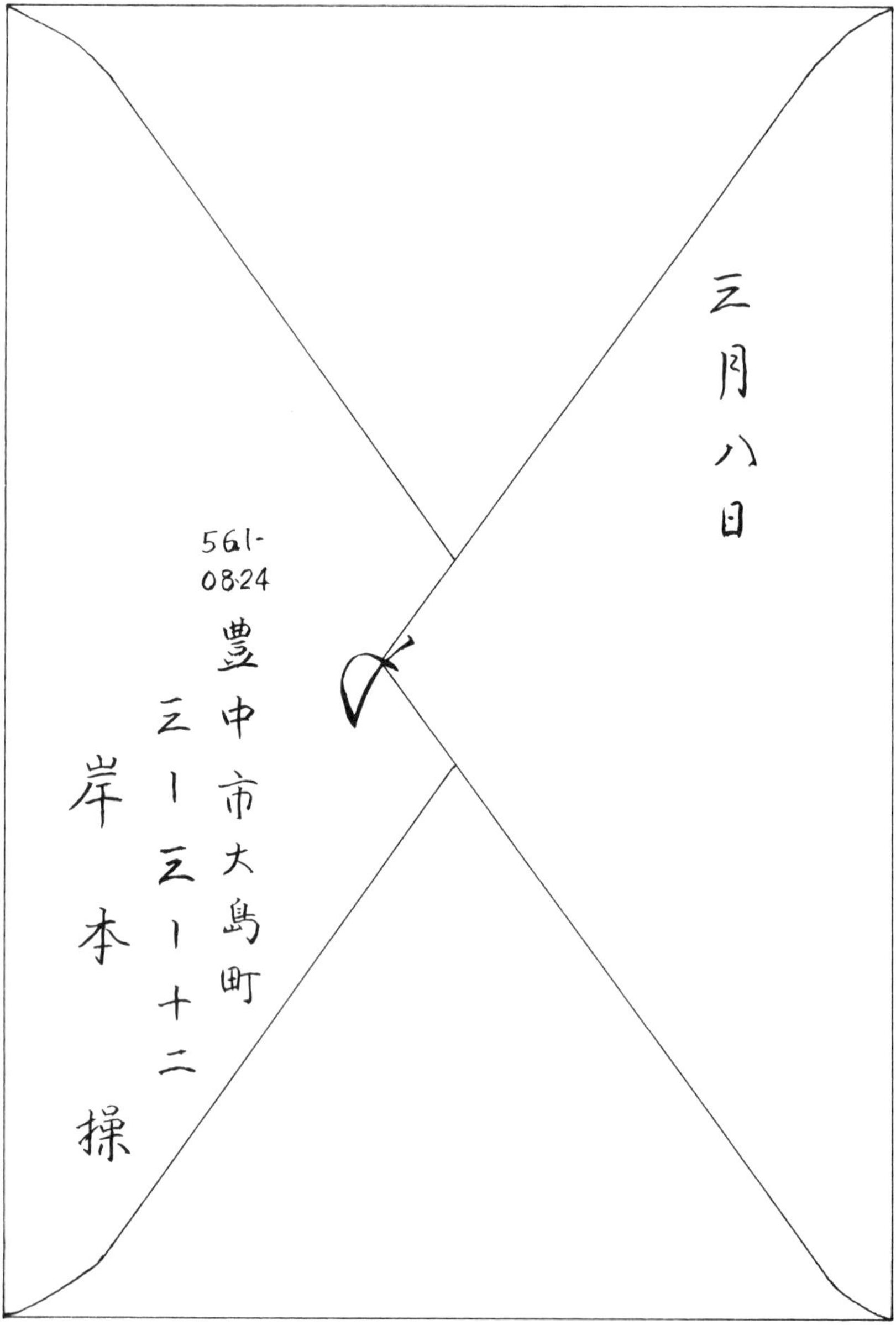

三月八日
〆
561-0824
豊中市大島町
三ー三ー十二
岸本 操

実物大角封筒の裏書き

通信添削について

当会の添削は、ご自分で書かれたはがき・手紙（便箋か巻紙）のいずれかを練習された清書を、ご自身の書き方（書きぐせなどを含めた書字個性）に合わせて、誰が見ても美しく上品な書き文字になるよう著者自ら添削をして返送する指導方法です。

毛筆（筆ペン可）またはペン字（ボールペン不可）で書かれたものに限ります。但し巻紙は毛筆のこと。

一、手紙（便箋）は無罫の紙に十行縦書き以内で一通（二枚）

二、はがきの文面は縦書き八行以内（掲載文参照と表書の二通）

三、巻紙は、十七・五×六八センチの紙に三十六行以内の行書体で一通

郵送は一種類につき郵便小為替千円（例えば手紙二通は二千円）を清書と同封してご送付下さい。お書きになる内容は拙著手紙講座の例、実際の文、アレンジした例文、いづれでも結構です。

清書は、着き次第添削して当会の封筒と切手で返送いたします。

ご自身の心のこもった美しい上品な書き文字の習得にご活用下さい。

宛先　１８５-００２１　国分寺市南町二―十八―十三―一二〇二　玉梓の会

玉梓《たまずさ》の会について

今から一千三百年ほど以前、梓の木の枝に手紙を結び文状に結わえて、相手に届けたことから、手紙のことを玉梓と呼ぶようになりました。

舞踊の世界でも、小道具として用いる巻紙(玉章《たまずさ》)をギョクショウと発音して現在に至っています。

因みに、お宮さまでおみくじを社の木の枝に結び文にするのは、お社の木を梓の木に見立てて玉梓にし、願いごとを神様にお届けして成就を祈ることが習わしとなったものです。

当会は多くの方々と共に、手書き文化の向上と、心温まる手紙の振興を目的とする全国展開の文化団体です。

上品《じょうひん》な手紙《てがみ》の
書《か》き出《だ》しと結《むす》び　●定価はカバーに表示してあります

2000年11月15日　初刷発行
2012年 3 月15日　14刷発行

著　者　有田幸正《ありたこうせい》
発行者　川内長成
発行所　株式会社日貿出版社

東京都文京区本郷 5 - 2 - 2　〒113-0033
電話　(03)5805-3303(代表)
FAX　(03)5805-3307
振替　00180-3-18495

印刷　株式会社加藤文明社
撮影　荒川健一

ISBN978-4-8170-4024-4　　http://www.nichibou.co.jp/